起業アイデア 3.0

村田茂雄
MURATA Shigeo

はじめに

「起業したいけど、良いアイデアが思いつかない」

「良いアイデアが思いつけば、今の会社から独立できるのに……」

「会社から新事業や新商品・新サービスのアイデアを求められて困っている」

「アイデアはあるけど、どうやって事業化すればいいのかわからない」

「『とにかく行動（起業）しよう』と言われるが、それができずに悩んでいる」

そんな悩みを抱えていませんか？

本書は、そのような方に向けて書いた本です。


起業するにあたって、もっとも大切なものは何でしょうか？

私は地方の銀行員から社会人生活をスタートさせ、現在は4大監査法人の1つである有限責任監査法人トーマツに所属していますが、今に至るまで約15年、一貫して起業家支援に携わってきました。

そのような仕事柄、起業関連の書籍は、たくさん目を通しています。

巷には起業本が溢れかえっていますが、「アイデアをどのように事業化するか」について詳しく書いた本はあっても、その素となる肝心のアイデアをどのように発想すればいいかについて書かれた本はほとんどありません。

しかし、これまでに1000人以上の起業家支援をしてきた経験から言うと、起業を成功させるためには、そのアイデアこそが重要なのです。

実際に私が相談を受けてきた方々を見ていても、成功する方は、起業前にしっかりアイデアを練って、事業化の道筋を立てて行動しています。逆に、アイデアが明確になっておらず、何となく起業してしまった方は、残念ながら、やはり失敗することが多いです。


そこで本書では、起業のアイデアをいかに発想し、練り上げていけばいいのか、そのノウハウをお伝えしようと思います。

ビジネスにおいて、新しいモノを創り出すことを「0→1（ゼロイチ）」と表現しますが、まさにその部分のお話です。0からアイデアを創出し、それを練り上げて事業化するまでを説明します。

もちろん、単なる机上の空論ではありません。長年、起業支援に携わり、さまざまなビジネスモデルを研究してきた私の経験を元に体系化した、実効性のあるノウハウです。

「アイデアなんてセンスがすべてでは？」

「才能がない人には良いアイデアは出せないのでは？」

そんなふうに思う方もいらっしゃるかもしれませんが、それは誤解です。確かに小説や音楽といったクリエイティブな分野のアイデアならば、才能やセンス、あるいは天啓といったものが必要かもしれませんが、こと起業アイデアについては、それらは必要ありません。

なぜなら、起業アイデアには明確な型（かた）があり、それを磨き上げるための方法論があるからです。それに従っていけば、きちんとビジネスとして成立するアイデアを手に入れることができます。

要は、そのノウハウを知っているかどうかなのです。

本書には、そのノウハウが詰まっています。

これから新しいビジネスに挑戦する人にとって、本書が少しでも成功の助けになれば幸いです。

２０１９年９月

村田茂雄

はじめに …… 3

プロローグ

誤解だらけの起業アイデア創出

1 起業アイデアの創出に必要のない8つのこと …… 16
2 センスが必要ない理由①人それぞれ得意な分野・不得意な分野がある …… 20
3 センスが必要ない理由②得意分野で勝負すれば問題ない …… 23
4 センスが必要ない理由③重要なのはセンスより価値観 …… 25
5 センスが必要ない理由④価値観は3つの視点で把握できる …… 28
6 たくさんのアイデアが必要ない理由①調査したらアイデア数は意味がなかった …… 32
7 たくさんのアイデアが必要ない理由②数から質は生まれない …… 36
8 たくさんのアイデアが必要ない理由③起業アイデアは磨くことで質が高まる …… 37
9 たくさんのアイデアが必要ない理由④アイデアより失敗の数が重要 …… 39
10 ブレインストーミングが必要ない理由①ブレストには3つの弊害がある …… 41
11 ブレインストーミングが必要ない理由②ブレストには使いどころがある …… 45

12 常識が必要ない理由①常識は閃きの邪魔をする……48
13 常識が必要ない理由②「なぜ」でこれまで眠っていたアイデアを見つけることができる……51
14 モチベーションが必要ない理由①行動できないことも大切なサイン……53
15 モチベーションが必要ない理由②行動できない原因は別にある……55
16 モチベーションが必要ない理由③アイデアを変えれば自然と行動できる……57
17 事業計画書が必要ない理由①事業計画書がなくてもお金も人も何とかなる……60
18 スキルや経験が必要ない理由①「できるか」より「やりたいか」が大切……64
19 スキルや経験が必要ない理由②不足しているものは補える……67
20 人脈が必要ない理由①人脈は簡単に作れる時代になった……69
21 人脈が必要ない理由②むやみやたらに名刺交換しない方が有利……70

第1章 そもそも起業アイデアとは何か

1 一般的なアイデアと起業アイデアの違い……74
2 起業アイデアには型がある……77

3 起業アイデアの型を考えるための3つの方法……79
4 起業アイデア発想法の進化の流れ……82
5 3つの起業アイデア発想法の使い分け方……85
6 起業アイデアを構成する5つの要素……87
7 新しい起業アイデアの作り方……92

第2章

起業アイデアの作り方

1 起業アイデア1・0「プロダクトアウト発想法」……100
2 起業アイデア2・0「マーケットイン発想法」……104
3 起業アイデア3・0「コンペティターシフト発想法」①コンペティターシフト発想法の基本……109
4 起業アイデア3・0「コンペティターシフト発想法」②下準備としての競合分析……111
5 起業アイデア3・0「コンペティターシフト発想法」③「誰の」をシフトする場合……117
6 起業アイデア3・0「コンペティターシフト発想法」④「誰の」をシフトした例……121
7 起業アイデア3・0「コンペティターシフト発想法」⑤「何を」をシフトする場合……124

8 起業アイデア3・0「コンペティターシフト発想法」⑥「何を」をシフトした例……130
9 起業アイデア3・0「コンペティターシフト発想法」⑦「何で」をシフトする場合……132
10 起業アイデア3・0「コンペティターシフト発想法」⑧「何で」をシフトした例……137
11 起業アイデア3・0「コンペティターシフト発想法」⑨「どのように」をシフトする場合……141
12 起業アイデア3・0「コンペティターシフト発想法」⑩「どのように」をシフトした例……145
13 起業アイデア3・0「コンペティターシフト発想法」⑪「誰から」をシフトする場合……150
14 起業アイデア3・0「コンペティターシフト発想法」⑫「誰から」をシフトした例……155

第3章

ビジネスプランの作り方

1 ビジネスに必要な視点……160
2 ストーリー①ストーリーが必要な理由……164
3 ストーリー②ストーリーで集めるべき経営資源……166
4 ストーリー③ストーリーの目的……171
5 ストーリー④ストーリーのメリット……175

6 ストーリー⑤ストーリーの考え方……176
7 競合の視点と優位性①競合を考えるべき理由……181
8 競合の視点と優位性②2種類の競合……183
9 競合の視点と優位性③競合の把握方法……186
10 競合の視点と優位性④優位性を考えるべき理由……188
11 競合の視点と優位性⑤対象を比較する際の注意点……191
12 競合の視点と優位性⑥競合と戦うために必要なこと……193
13 競合の視点と優位性⑦一番になるための方法……195
14 競合の視点と優位性⑧市場を限定する引き算と足し算……198
15 目標と市場規模①目標を考えるべき理由……201
16 目標と市場規模②目標の考え方……203
17 目標と市場規模③市場規模を考えるべき理由……206
18 目標と市場規模④市場規模の正確性……208
19 目標と市場規模⑤市場規模の納得性……210
20 目標と市場規模⑥市場規模の算定方法……212
21 採算性①採算性を考えるべき理由……215

22 採算性②採算性の把握方法……217
23 採算性③いつまでいくら必要となるのかの把握方法……220
24 採算性④何人獲得する必要があるのかの算定方法……222
25 採算性⑤いつまで赤字が続き、トータルでいくら必要かの考え方……223
26 採算性⑥採算性が合わない場合の対処法……225
27 実現性①実現性を考えるべき理由「良いアイデアほど実現できない」……229
28 実現性②第1の壁「見つけられていない」……231
29 実現性③第2の壁「技術的に造れない」……234
30 実現性④第3の壁「知的財産で守られている」……236
31 実現性⑤第4の壁「規制されている」……238
32 実現性⑥第5の壁「作っちゃダメ」……239
33 実現性⑦第6の壁「ニーズがない」……241

第4章

顧客ニーズの把握の仕方

1 顧客ニーズ把握のプロセス……244
2 ターゲットの明確化①ペルソナ……248
3 ターゲットの明確化②ペルソナを決めない危険性……250
4 ターゲットの明確化③言葉通りに受け取るべきでない4つの意見……252
5 ターゲットの明確化④アンケートを取る際の注意事項……258
6 ターゲットの明確化⑤ヒアリングすべき適切な顧客……260
7 ターゲットの明確化⑥ペルソナの決め方……264
8 ターゲットの明確化⑦ペルソナへのアプローチ方法……267
9 顧客の課題の確認①課題確認の流れ……271
10 顧客の課題の確認②課題の有無の確認……272
11 顧客の課題の確認③「課題がない」となる4つのパターン……273
12 顧客の課題の確認④課題の有無のヒアリングのポイント……276
13 顧客の課題の確認⑤本当に解決したい課題かを確認する理由……279

14 顧客の課題の確認⑥本当に解決したい課題かの確認方法……281
15 顧客の課題の確認⑦現状の対策を確認するためのヒアリング事項……283
16 顧客の課題の確認⑧いきなり商品・サービスを見せるべきでない理由……286
17 顧客の課題の確認⑨課題と併せて属性を確認すべき理由……288
18 商品・サービスの評価①コアな部分に絞ってヒアリングするべき理由……290
19 商品・サービスの評価②MVP……293
20 商品・サービスの評価③プロダクトを作るべきかの判断基準……295
21 商品・サービスの評価③プロダクトの顧客への確認……299
22 商品・サービスの評価④払える金額感の確認……301
23 商品・サービスの評価⑤市場への適合の確認……302
24 事業拡大の仕組み①ユニットエコノミクス……306
25 事業拡大の仕組み②ユニットエコノミクスの判断方法……309
26 事業拡大の仕組み③顧客生涯価値……311
27 事業拡大の仕組み④顧客獲得コストの削減……314
28 事業拡大の仕組み⑤ユニットエコノミクスとマーケティング……318

第5章

アイデア発想のコツ

1 一番良い方法は何かを考える …… 320
2 意味付けする …… 322
3 細分化してみる …… 324
4 編集する …… 326
5 極端に考える …… 329
6 真逆に考える …… 330
7 原点に立ち戻る …… 331

おわりに …… 333

プロローグ

誤解だらけの起業アイデア創出

起業は誰しもがおこなうことではないだけに、そのアイデア創出について誤解されていることが数多くあります。「自分にもできるだろうか」という不安を取り除くために、まずはそうした起業アイデアに対しての数々の誤解を解いておきましょう。

1 起業アイデアの創出に必要のない8つのこと

0→1は特殊なプロセス

多くの人は、アイデアから事業化（顧客のニーズが把握できる状態）までをおこなう、0→1のプロセスを経験することはまずありません。会社勤めの人はもちろんのこと、会社を経営していても両親から引き継いだり、生え抜きで経営者まで登りつめたりした場合もあり、意外と経験している人は少ないでしょう。

ですので、多くの誤解が生じています。特に、起業アイデアの創出については間違った認識が広まってしまっているのを感じます。

必要だと思われているが実は不要なことがある

一般的に必要だと思われてしまっているけれど、実は不要なことが主に8つあります。

①センス（発想力）

起業アイデアは論理的に方法論で導くことができます。センス（発想力）は不要です。本書でアイデア発想法を提供しますので、今の時点でセンスがなくても問題ありません。

②たくさんのアイデア

よく起業アイデアを考える際には、「たくさんアイデアを考えましょう」「たくさんアイデアを考えると質の良いアイデアが生まれます」と言われます。でも、実際はアイデアの質と量に関係性はありません。アイデアをたくさん出すという考えは不要です。

③ブレインストーミング（ブレスト）

これもアイデアを出す際によく使われる手法です。いろいろな考えや他人の意見を聞けることは良いですが、起業アイデアを考える上ではブレストは好ましい手法とは言えません。

④常識、当たり前

常識や当たり前はアイデア発想においては足枷になります。常識や当たり前は疑うようにしましょう。本書では常識、当たり前を意識するための気付きを提供します。

⑤モチベーション

「何が何でもアイデアを見つけて起業しよう、行動しよう」というモチベーションはいりません。良いアイデアが閃けば、自然と行動が伴いますので、モチベーションを意識する必要はありません。

⑥事業計画

事業立ち上げ時においては、事業計画を作る必要はありません。事業計画を作る時間はもったいないので、起業アイデアの事業化に時間を費やしましょう。

⑦スキルや経験

スキルや経験は後から身につけられたり、簡単に補ったりすることができます。スキルや経験に縛られないで、やりたいことや、やるべきこと（使命）に取り組みましょう。

⑧人脈
今日では知らない人とも簡単に繫がれて人脈を作ることができます。今ある人脈にこだわらずに、やろうとしているビジネスのプロダクトを良くすることに注力しましょう。

これらの８つは起業アイデアの創出において必要ありません。
それでは次項より、一つ一つ具体的に見ていきましょう。

2

センスが必要ない理由①人それぞれ得意な分野・不得意な分野がある

❯やり方を覚えればセンスは身につく

あなたはアイデア発想のセンスがありますか？

「自信がない」という人が多いでしょう。だから本書を手に取ったと思います。

そんな皆さんにまずお伝えしたいことがあります。それは、アイデア発想にはセンスが必要ですが、センスは本書で身につけられる、ということです。

ですので、今の時点でセンスがある必要はありません。アイデア発想にはやり方があるので、それを覚えればセンスは身につきます。

良いアイデアが発想できるのは得意な分野に限られる

ただし一点注意してもらいたいのは、アイデア発想には人それぞれ得意な分野、不得意な分野がある、ということです。

本書でやり方を学べば、不得意な分野であってもビジネスのアイデアがたくさん発想できるようになりますが、それがセンスの良いアイデアとなるかは難しいところです。

例えば、あなたがミステリー小説にまったく興味がないとしたら、センスのある殺人事件のトリックを思いつくのはたいへんだと思います。それと同じことです。

残念ながら、ありとあらゆる分野でセンスが発揮できるようになるわけではありません。良いアイデアが発想できるのは、あなたに合った分野に限られる、ということです。

あなたに合ったアイデアが閃けば十分

でも、心配しないでください。

そもそも、やりたくないことをやるために起業をするわけではなく、やりたいことや関心のあること、半ば使命感としてやるべきことなどをやるために起業するわけですから、あなたに合ったアイデアが閃けば十分です。

仮に無関心な分野のアイデアでビジネスをおこなっても、興味がないことなので継続していくことは難しいでしょう。

ですので、自分がどのような分野のアイデアを発想するのが得意で、どのような分野が苦手かを知り、自分が得意な分野に注力して起業アイデアを考えることが重要です。

3 センスが必要ない理由② 得意分野で勝負すれば問題ない

得意分野なら1ヶ月に500個のアイデアが思い浮かぶ

私はこれまでに起業アイデアを約1年8ヶ月で1万個以上考えてきました。1ヶ月に500個のペースです。

そんな私でも、明確に得意な部分と不得意な部分があります。正直、不得意な分野のアイデアを考えてもセンスのあるアイデアは思い浮かびません。正確に言うと、不得意な分野については興味がまったくないので、アイデアを考えてすらいません。

一方で、得意分野の方でなら、いくらでもアイデアが思い浮かびます。

ちなみに、私が考えたアイデアの9割程度が「便利」や「簡単」「楽（らく）」にするためのアイデアで、何か物事を面白くするアイデアが1割弱、残りがその他のアイデアです。つまり、私は「便利」「簡単」「楽（らく）」と、わずかに「面白い」分野が得意ということになります。

❯価値観に沿っていることが得意分野になる

では、この得意な分野が何を示しているかと言うと、私の「価値観」になります。

価値観は、その人が生きる上で大事にしている概念や考え方、自分だけのルールです。

私は非効率なことが嫌いで、面倒くさがり屋なので、「不便さ」や「楽（らく）でない」ことに敏感で、そこに不満を感じやすく、それゆえその不満を何とかしたいと思っています。

皆さんも自分の価値観に沿っていることは面白いと思ったり興味を持てたりする一方で、自分の価値観と離れていることにはまったく興味関心を示さないと思います。

ですので、得意な分野でアイデア発想ができるように、自分の価値観を把握することが大事になります。

4 センスが必要ない理由③ 重要なのはセンスより価値観

価値観を軸にすればアイデアが発想できる

価値観を軸にすれば、物事や出来事、既存の商品・サービスを元に、「もっと◯◯（価値観）できないか」と問いかけることでアイデアが発想できます。

実際にやってみましょう。たまたま今、私の目の前にウェットティッシュがありますので、これを元に、私の価値観である「便利」と「面白い」の2つを例にアイデアを考えてみます。

ウェットティッシュをもっと便利にできないか？

まずは、「ウェットティッシュ」と「便利」です。「ウェットティッシュをもっと便利にできないか」と考えます。

簡単に思いつくのは、以下のようなものでしょう。

・汚れた手でウェットティッシュの箱を触らなくてもよいように、蓋が自動開閉するセンサーを付ける
・片手でもウェットティッシュが取り出せるように、ウェットティッシュの箱に付けられる重しを作る、もしくは箱の底面に粘着素材を付ける
・ボタンを押せばウェットティッシュが1枚出てくる
・好きな長さで切れる（切れ目を設けないでラップのようにちぎるためのカット部分を作る）
・温水洗浄便座がないトイレでもお尻が綺麗にふけるトイレ用ウェットティッシュ

さらに、濡れていないウェットティッシュがあっても良さそうです。ウェットティッシュの除菌成分だけティッシュに染み込ませておいて、使用するタイミングで水を含ませて使う「乾燥したウェットティッシュ」はどうでしょうか。

普通のウェットティッシュはうまく密封しておかないと乾燥することがありますが、これなら乾燥を気にせず長期保存が可能になります。また、水分がないため軽くて持ち運びも楽にな

ります。

ウェットティッシュをもっと面白くできないか？

次は、「ウェットティッシュ」と「面白い」です。こちらも同様に、「ウェットティッシュをもっと面白くできないか」と考えます。

・バーベキューなど大人数のパーティで盛り上がるように、ウェットティッシュの柄をおみくじ付きにする
・ウェットティッシュの箱の蓋を開けるたびに、中年のオヤジの声で「大事に使えよ！」と声が出る

このように、価値観を軸にすることでアイデアは閃きやすくなります。

第2章で具体的なアイデア発想法を紹介していきますが、価値観がアイデア発想の前提となりますので覚えておいてください。

5 センスが必要ない理由④ 価値観は3つの視点で把握できる

自分の価値観を把握しよう

価値観にはいろいろあります。例えば、次のような感じです。

嬉しい、楽しい、やさしい、親しみ、思いやりのある、愛情、ドキドキ、ワクワク、驚き、誇らしい、安心、安全な、魅了される、美しい、元気な、情熱的な、ありがたい、感激、幸せな、さわやか、ほっとする、のんびり、平穏な、便利な、気軽な、健やかな、ユーモア、探求、成長、刺激

でも、自分の価値観を明確に意識していない人も多いでしょう。そんな時は、「感情」「時間やお金」「空間」という視点で見ていくと、自分の価値観を見つけやすいと思います。

・**感情**

あなたが日々の生活を送っている中で、感情の変化が起きることがあると思います。その感情の変化に、あなたの価値観が隠れています。

私の場合は、不便さを感じた時に感情が大きく変化します。「面白い」も同様です。一方で、「美しい」とかには興味がないため、美しいものを見ても、あまり感情の変化は起きません。

・**時間やお金**

あなたが費やしている時間やお金も、価値観を見つけるヒントになります。「自分の時間を何に使っているか」「お金をどこにかけているか」を振り返ってみてください。

私の場合は、便利になるアイデアグッズを考えたり作ったり、書籍やセミナー、ネットなどで知識を吸収することに時間やお金を使っています。

・**空間**

あなたの生活空間で占有している面積の大きいものは何でしょうか？

美的な価値観を持つ人は服やファッション雑誌が多いかもしれませんし、楽しいことが好きな人はゲームや漫画などが部屋の大部分を占めているでしょう。

私の場合は、アイデアグッズを作るための材料や、知識を増やすための本が、部屋の空間の大部分を占めています。

感情や時間・お金、空間はあなたの価値観と関連していますので、それらを振り返って自分の価値観を把握してみてください。

価値観とさまざまなモノやコトを組み合わせてみよう

価値観が明確になったら、アイデア創出を実践してみましょう。

図のように、自分の価値観とさまざまなモノやコトを組み合わせて発想してみてください。組み合わせるモノやコトは、身の回りにあるモノ、あなたのスキルや経験、ノウハウだけでなく、仕事や生活スタイル、趣味など何でも構いません。また、組み合わせる要素は何個でも構いません。

なお、注意点として、この段階では「実現できるかどうか」は考えないようにしてください。実際にアイデアが実現できるかどうかは本書の後半で考えますので、現時点では実現性は気にせず、自由に発想してください。

価値観を使ったアイデア創出

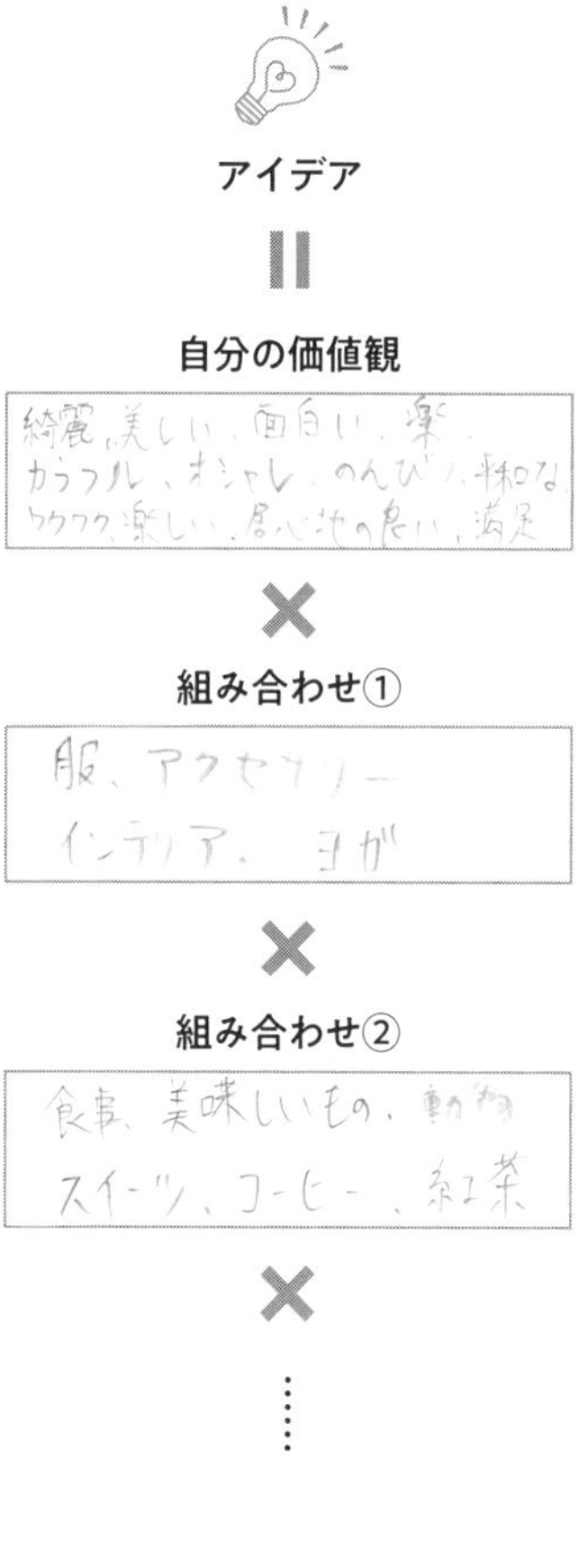

6 たくさんのアイデアが必要ない理由①
調査したらアイデア数は意味がなかった

❯アイデアをたくさん出して成功している人もいるが……

巷では、「アイデアはとにかく量を出せ」「とりあえず100個の起業アイデアを考えなさい」「アイデアは数が質を凌駕する」など、「量をたくさん出す」という考え方がありふれています。

もちろん、起業アイデアをたくさん出すことを否定はしません。たくさん出すことで成功している人はたくさんいます。

例えば、ソフトバンクグループの社長・孫正義氏は学生の頃に1日1つ何か発明をしようと決めて250個考え、そのうちの1つを事業化しました（ソフトバンクグループの新卒採用プレゼンテーションにて）。

私がこれまでお会いしてきた経営者でも、360個考えて起業したという人もいます。この方は教育関連事業で起業して3年になりますが、順調に事業を拡大しています。

ベンチャー企業の経営者100人に聞いてみた

このような話を聞くと、「アイデアはたくさん出す必要がある」と思ってしまいますが、実は、起業アイデアは必ずしもたくさん考える必要はありません。

これからご覧いただく図は、私がベンチャー企業の経営者100人に対しておこなった、「起業前の起業アイデアの数」と「アイデアの個数別の業況」のアンケート結果です。

経営者が起業前に起業アイデアを何個考えたか、回答結果を見ると、66%の経営者が5個以下という結果になっています。さらに全体の23%、約4人に1人は1個で起業しています。

次に、起業アイデアの個数別の現在の事業の状況を見てみると、起業アイデア1個で起業した経営者の約91%が「順調・やや順調」と回答している一方で、起業アイデアが11個以上の経営者の約36%が「やや順調でない・順調でない」と回答しています。起業アイデアが少ないグループほど、業況が良いと感じている社長が多いことがわかります。

ベンチャー企業の経営者へのアンケート結果

①起業前に考えた起業アイデアの数

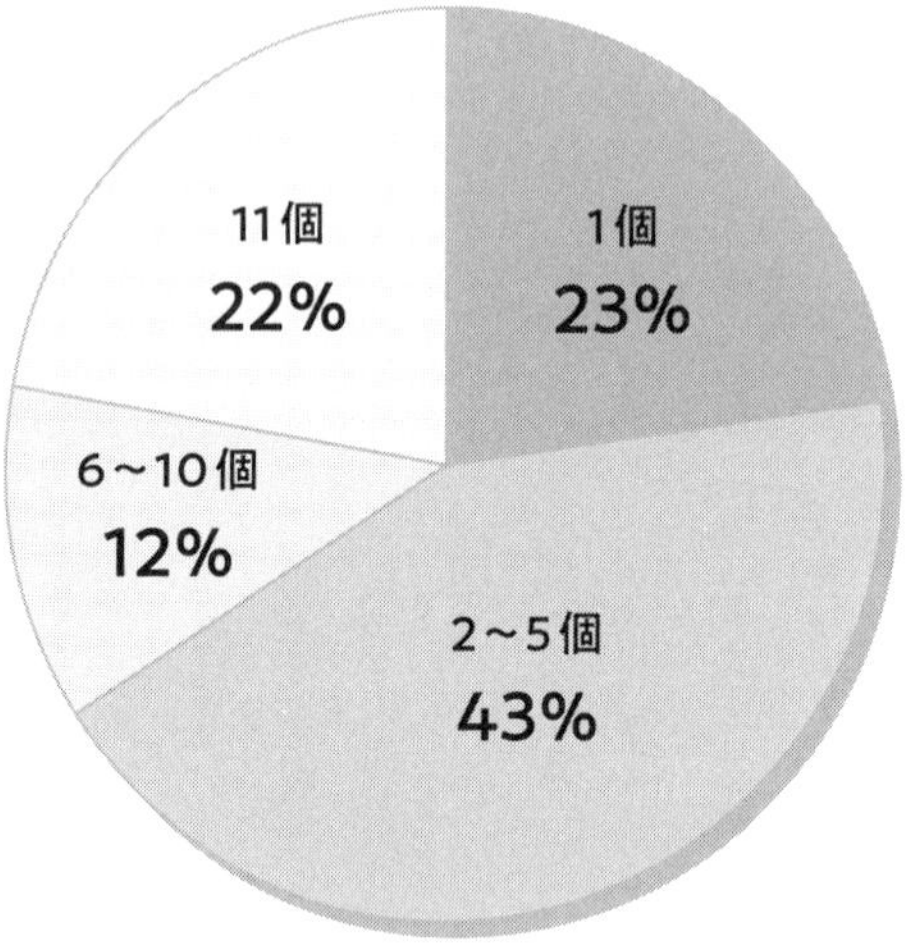

②アイデアの個数別の業況

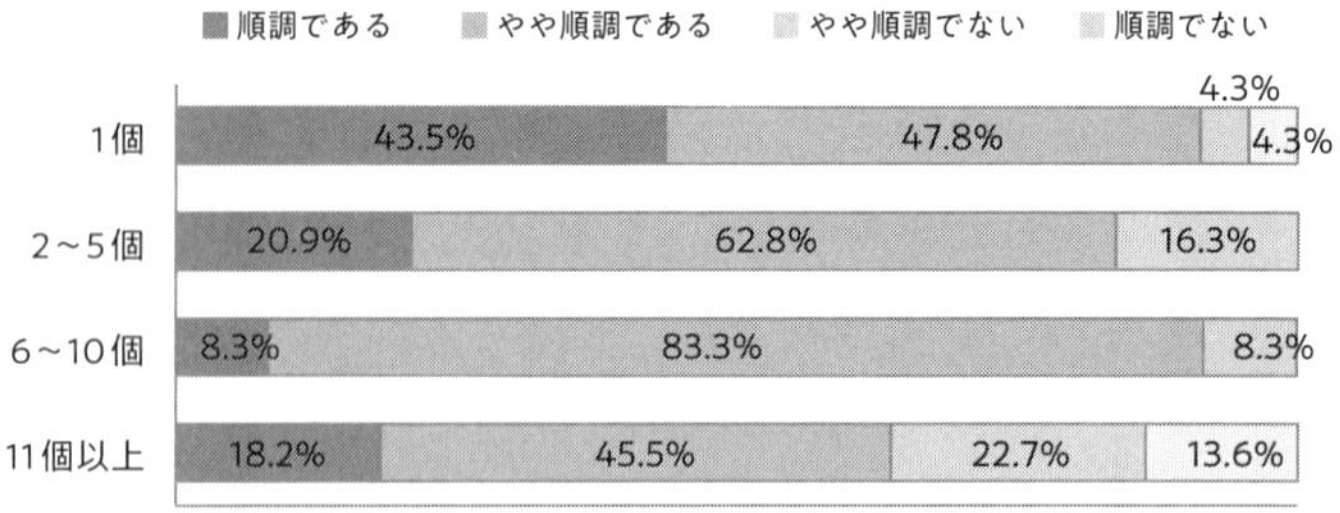

※2018年4月1日～2019年3月31日　ベンチャー企業経営者100名にアンケート

アイデアの数と事業の業況は関係ない

つまり、起業アイデアをたくさん考えている起業家は実際は少なく、また、起業アイデアが少ないからと言って業績が悪いわけではない（100人の結果に限って言えば、アイデアの数が少ないほど業績が順調にいっている）ことになります。

もちろん100人のベンチャー企業のアンケート結果なので、世の中のすべてを反映しているとは言えませんが、少なくとも「起業アイデアはたくさんなくても成功できる」「起業アイデアの数と事業の業況とは関係ない」とは言えるでしょう。

そうであれば、アイデアをたくさん考える必要はありません。

ですので、今すぐ「アイデアはたくさん考えなければならない」といった固定観念は捨ててください。

7 たくさんのアイデアが必要ない理由②
数から質は生まれない

簡単に思いつくアイデアは使えない

「アイデアはたくさん必要ないことはわかりました。でも、良いアイデアがないからたくさん考えるのです」と思うかもしれません。でも残念なことに、アイデアを量産することが質の良いアイデアを生むとはならないのです。量を意識したアイデアのほとんどは簡単に思いつくがゆえに、他の誰かも発想するようなありきたりな内容になってしまいます。

昨今の世の中では、クラウドファンディングなどの革新的なサービスも出現し、アイデアを簡単に実現できるようになっています。その分、簡単に思いつくアイデアは既に存在していたり技術的に不可能だったりする可能性が高いのです。例えば、ドラえもんの「翻訳コンニャク」は携帯アプリなどがありますし、「どこでもドア」は技術的に実現できません。

8 たくさんのアイデアが必要ない理由③ 起業アイデアは磨くことで質が高まる

アイデア一つ一つと真剣に向き合うことが大事

では、どのように質の高いアイデアを見つけるかと言うと、思いついた一つ一つのアイデアと真剣に向き合い深掘りすることが必要となります。

詳細は第2章に譲るとして、アイデア一つ一つと向き合うことで質が高まることを、お見合いに例えてみます。例えば、異性が60人参加するお見合いパーティにあなたが行ったとします。パーティの時間は120分です。あなたはどのようにパートナーを見つけますか？

60人全員と2分ずつ話をしますか？

それとも、第一印象でめぼしい人を4名くらい選んで30分ずつじっくり話しますか？

たぶん60人全員と2分ずつ話す人はいないと思います。数人（もしくは1名）に絞ってより相手を理解するためにたくさんの時間を費やすようにする人がほとんどでしょう。なぜかと言うと、広く満遍なく短時間で一人一人を見るより、一人に多くの時間を割いた方が、自分に合うパートナーに出会える可能性が高まるからです。

アイデアも一緒で、広く浅くたくさん考えたアイデアは考えた時点では質は伴っていませんが、出したアイデア一つ一つと真剣に向き合うことで、質の高いアイデアになる可能性が高まるのです。

アイデアは磨かないと光らない

良いアイデアはダイヤモンドの原石みたいなもので、磨かないと光りません。量を追ってしまうと、磨くという作業がおろそかになり、ダイヤモンドの原石を見逃してしまうことが増えてしまいます。ですので、質の高い起業アイデアを生むコツは、自分に合いそうなアイデアを数個考えて、それらに一つ一つ真剣に向き合い、質の高いアイデアに変えていくことです。この方が、効率も良いし、起業後の成功可能性も高くなるのです。

アイデアの量を意識するのはやめましょう。量をいくら増やしても、1つ1つのアイデアを深掘りしない限り、質の良いアイデアは生まれません。

9 たくさんのアイデアが必要ない理由④ アイデアより失敗の数が重要

事業化する取り組みの数は必要

少し補足しますと、アイデアの量は必要ありませんが、アイデアを事業化する取り組みの数はこなす必要があります。極端に言えば、成功できそうな事業が見つかるまで、次々とアイデアを試していく必要があります。

繰り返しますが、起業アイデアは、たくさん発想した中から良いものを選ぶのではなくて、発想したアイデアを一つ一つ吟味して、事業化の可能性を探り、ダメなら次のアイデアを深掘りしていく、ということの繰り返しになります。アイデアを事業化できるまで繰り返すという意味では、量は必要です。

良い起業アイデアの見つけ方

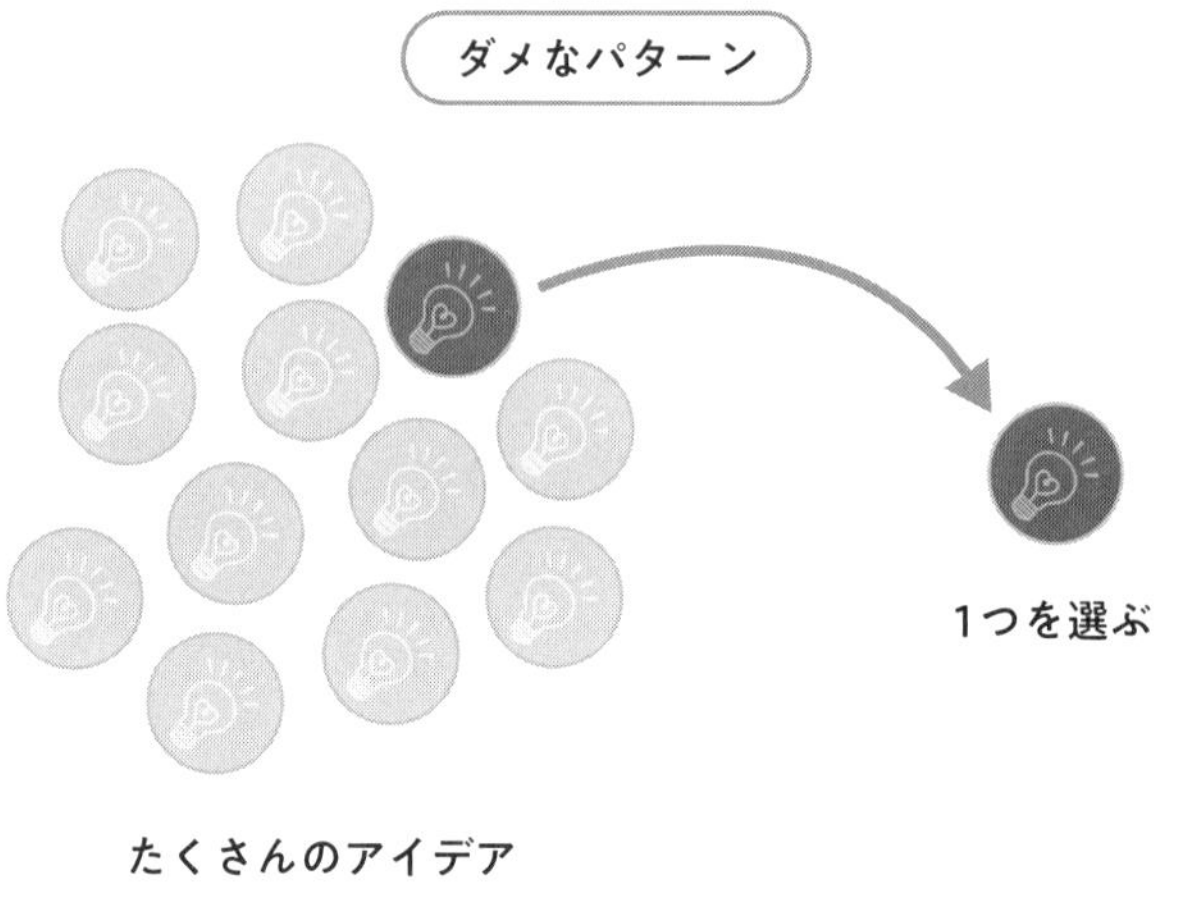

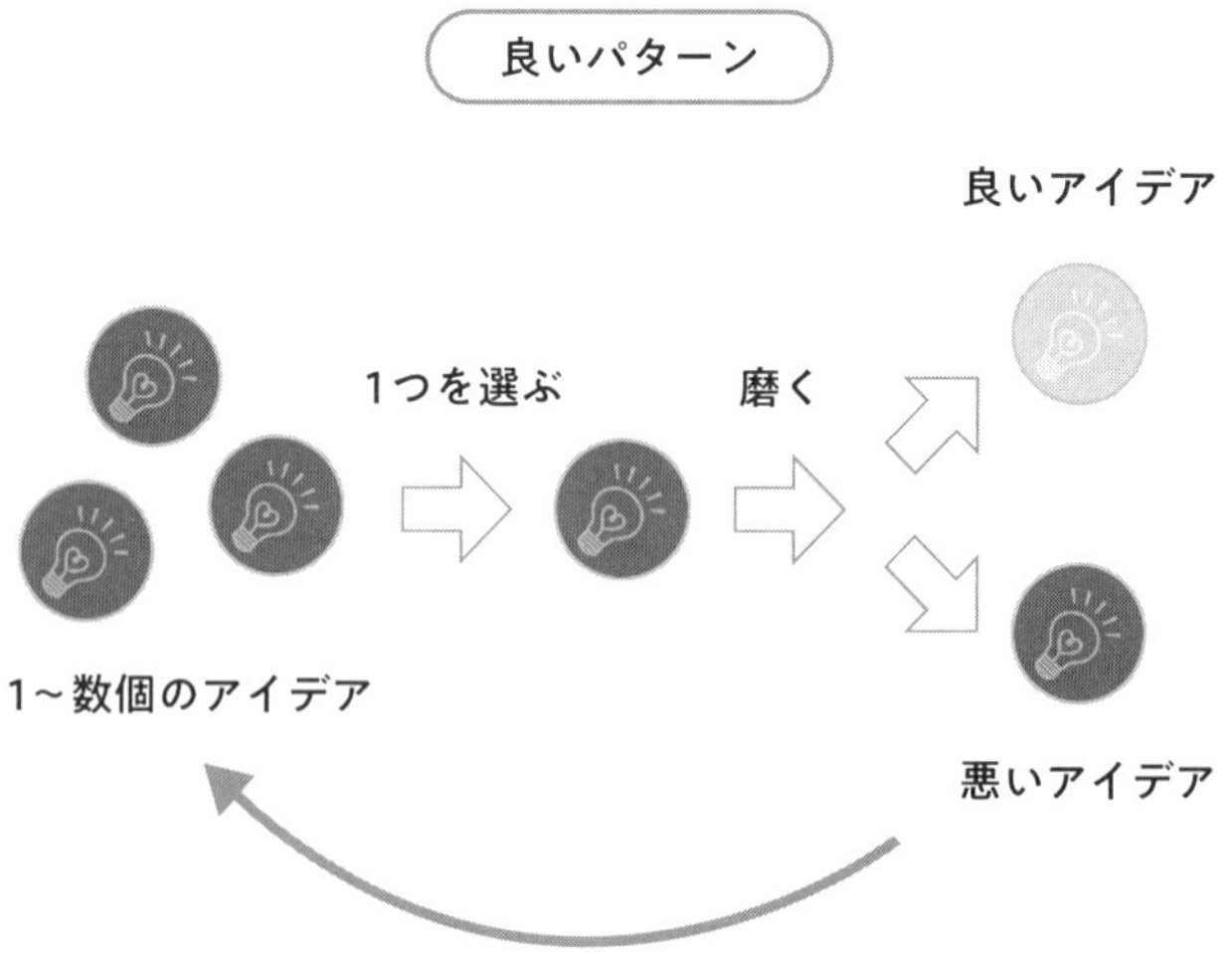

10 ブレインストーミングが必要ない理由①　ブレストには3つの弊害がある

ブレインストーミングは起業アイデアを考えるには不適切だった

起業アイデアを考える際はブレインストーミング（通称：ブレスト）をしてはいけません。ブレストの有用性は私自身も認識していますが、それは使いどころが別にあります。起業アイデアを考える際には有効であるどころか、むしろ、不適切である場合が多いです。

そもそもブレストとはアイデアを効率的に量産できる、もっとも有名で有効な手段として一般的には認識されています。複数の人が集まって自由な発想で意見を言い合うことによって、個々人では考えもしなかったアイデアが生まれるのを期待する方法です。

一般的に、ブレストでは「質より量を重視する」「自由奔放に発言する」「他人の意見を否定しない」「他人の意見に便乗する」という4つのルールを守ってアイデア出しがおこなわれます。

質より量を重視し、参加者各々が奇抜な意見でも何でも自由に発言し、それを否定せずに、むしろそのアイデアに便乗することで斬新なアイデアの創造を促します。

他人の意見を取り入れて自分が思いもしなかったアイデアにたどり着くことを狙うのは、一見すると良いことのように感じますが、それこそが起業アイデアの創出にとっては弊害となるのです。

どのような弊害があるのかを見ていきましょう。

①やりたいアイデアではなくなってしまう

起業はあなたがやりたいこと、あなたが解消したいと思う課題を解決する手段です。ブレストで他人の意見を聞くことを完全に否定するわけではありませんが、ブレストから出てきたアイデアがあなたのやりたいことや解決したい課題でなくなったら意味がありません。

特に、ブレストでは意見を出し合うメンバーで音頭を取る人（一般にファシリテーターと言われます）の考えや進め方に影響されてしまうことが多いですので、余計に自分の考えとは違うアイデアになる可能性が高まります。

「起業アイデアこそひとりよがりではなく他人の意見を聞いた方が良いでしょ」という意見があるかもしれませんが、ブレストするメンバーの意見が必ずしも正解であるわけではありません。むしろ、第4章で詳しく触れますが、他のメンバーがあなたがおこなおうとしているビジネスのターゲットでない場合は、彼らの意見は弊害になります。

起業アイデアをブレストする、他人の意見を聞く場合は、その人がターゲットとなる人かどうかを判断する必要があります。

②一般的に受けの良いアイデアになってしまう

起業アイデアには、これまでにないアイデアが望まれます。一般的に存在するアイデアなら、新たにアイデアを考える必要がないからです。

しかし、ブレストをおこなうと一般受けの良い、悪く言えば特徴のない、ありきたりなアイデアになる可能性が高まります。自由な発想で他人の意見を否定せず、むしろその意見に便乗していくと、ブレストのメンバーみんなが「いいね！」と思えるアイデアに落ち着いてしまうからです。

そのようなアイデアは一般的にみんなが良いと思うアイデアなので、独自性のないありきたりのアイデアとなってしまい、起業には向かないアイデアとなります。

③顧客の声を聞かないでアイデアが捨てられてしまう

ブレストの最大の欠点が、顧客の声を聞かないでアイデアが捨てられてしまうことです。起業アイデアは顧客の声を聞いてみて、初めて良いか悪いかが判断できます。しかし、ブレストは顧客でない人の集まりでアイデアが決められてしまいます。

顧客の声を聞くまではそれぞれのアイデアが良いのかどうなのかはわからないのに、その価値を判断する前にアイデアが捨てられてしまうことがブレストでは頻繁に起こってしまうのです。

これらのように、ブレストにはさまざまな問題があります。特に世の中を変えるような尖ったアイデアは、一般的には受け入れられないものであることが多いのです。

ですので、起業アイデアはブレストしないで、一人で考えることをおすすめします。

11 ブレインストーミングが必要ない理由②ブレストには使いどころがある

ブレストが有効な4つの場合

前項で「ブレストは起業アイデアには向いていない」という話をしましたが、ブレストが有効な場合ももちろんあります。それは以下の4点の場合です。状況に合わせて使い分けましょう。

①経営資源が豊富にある場合

大企業のように経営資源が豊富にあって、大衆向けに商品・サービスを展開する場合は、ブレストが有効になります。

ブレストは多くの人が良いと思えるアイデアに落ち着くので、大衆向けに展開する商品・

サービスであれば、多くの意見を出し合ってアイデアが決まるブレストはぴったりです。

②技術があってその用途に悩んでいる場合

技術はあるが、それをどのように活かせば良いのかわからない。つまり、技術が活用できる用途を探す場合は、他者の意見は参考になります。

この場合は、自分の頭だけでなく他人の意見を取り入れて発想を広げてもらいましょう。

③「何をやるか」ではなく「誰とやるか」が優先される場合

「何をやりたいか」ではなく、「誰とやりたいか」が重要である場合は、ブレストが有効です。誰かと一緒に起業しようと考えている場合は、ぜひその人とブレストをしてください。ブレストはお互いの意見を出し合い、より良いアイデアを導き出す作業なので、お互いの思いが入った、納得性のあるアイデアにすることができます。さらに、お互いの関係を深めることにも繋がります。

ちなみに「何をやるか」ではなく「誰とやるか」で起業して上場するなど、成功している会社は普通にあります。

④明確にやりたいことが見つかった後の事業化

起業アイデアの創出後に、「アイデアをどのように実現していけばいいのか」「どのように事業展開をしていけばいいのか」などといった事業化について考える際には、ブレストが有効になります。

やりたいことが明確になったらブレストをして事業のブラッシュアップをしていきましょう。

12

常識が必要ない理由①
常識は閃きの邪魔をする

社会生活を送る上では必要だが……

社会生活を快適に送る上では、常識は非常にすばらしいものです。当たり前であるというだけ、ルールであるというだけで、安心して暮らせます。

ただ、起業アイデアを考える上では常識は必要ありません。むしろ、常識があることによって良いアイデアが閃かなくなります。

ですので、常識には囚われないようにしてください。

「常識に囚われない」は実はたいへん

もっとも、常識に囚われないようにするというのは、実は難しいことです。

なぜなら、常識は無意識の中に潜んでいるからです。無意識の言動を意識するということは非常にたいへんです。「自分は常識には囚われていないよ」と思っていても、単に自覚できていないだけかもしれません。

ここで1つ、簡単なテストをしてみましょう。図の絵を見てください。何に見えるでしょうか？

有名な騙し絵なので、過去にこの絵を見たことがある人も多いでしょう。

「知ってるよ。若い女性と老婆の、2通り

「妻と義母」

フリー百科事典『Wikipedia』より

の見え方ができる絵でしょ」

――こう回答した人は、常識・固定観念に囚われています。絵を見て感じた答えではなく、知識として知っている情報で回答しているからです。

「若い女性と老婆の2つの見方ができる絵」という知識を取り払って、素直な視線で絵を見てみれば、別の見え方が見つかるかもしれません。

例えば、私には、帽子の上に猫が乗っているように見えました。もちろん、これが正解というわけではありません。大切なのは、「若い女性と老婆の見方がある」というところで思考を停止するのではなく、別の見え方があるかどうかを考えること、考えようとすることです。

常識に囚われないというのは、そういうことなのです。

13 常識が必要ない理由②「なぜ」でこれまで眠っていたアイデアを見つけることができる

あらゆるものに対して「なぜ」を考えてみる

先ほどのテストのように、私たちは多くの場面で常識に囚われて生活しています。「自分は常に常識に囚われている」ことを認識することが、常識から囚われない思考をするための第一歩です。

では、具体的に常識に囚われないように思考するにはどうすればいいのでしょうか。

やり方は単純で、日々の行動に対して「なぜ」と問いかけるだけです。

この商品は、なぜこのような構成になっているのか？

このサービスは、なぜこのような流れになっているのか？

こんな感じで、日常の活動を一つ一つの行動に分解して、それぞれに「なぜ」と問いかけていきます。

❯常識を疑うことでヒット商品が生まれた

例えば、今でこそいろいろな色の綿棒を見かけますが、以前は「綿棒は白いもの」という常識がありました。衛生用品の業界では、清潔感が重要だと考えられていたからです。

しかし、綿棒を製造している老舗の会社が、ある時、「黒い」綿棒を初めて作りました。すると、黒の方が取れた耳垢がよく見えるということで、大ヒット商品となったのです。

このように、常識を疑うことで、これまで眠っていたアイデアを見つけることができます。

ですので、日常生活や仕事などで常に常識に囚われていないかを意識して、おこなっている行動や事象を切り出してみて、「なぜ（このような行動・事象になっているのか）」と問いかけてみてください。無意味な常識を改善するビジネスのアイデアが、きっと見つかります。

14 モチベーションが必要ない理由①
行動できないことも大切なサイン

多くの人が「行動が大事」と思っている

起業相談を周りにすると、決まって「とにかく行動することだよ」「行動しないと始まらない」「まずはやってみよう」など言われたりしませんか?

あたかも行動できないことが「悪」であるかのような強迫観念を抱いていませんか?

多くの人が「行動が大事」と言います。

「行動はすべてに勝る」という人さえもいます。

Google創業者のラリー・ペイジ氏も「アイデアには何も価値はない。実行することが大事だ」と言っています。

私が出会ってきた起業支援家の方々も、そのような考え方の人が多いと感じています。

❯行動できないことより、行動できない原因にフォーカスする

確かに、行動は大事です。アイデアはあくまで想像上のもので、それ自体がお金を生んだりすることはありません。

行動によってアイデアが具現化され、価値が生まれ、お金をもたらすビジネスになるのです。「どんなに良いアイデアであっても行動が伴わなければ価値がない」というのはもっともな考えです。

ですので、あなたが行動できないことで劣等感や自己嫌悪感を抱いてしまうのも仕方がないことです。

でも、行動できないことを気にする必要はありません。行動できない原因はあなた自身にあるのではなく、アイデアに問題があるのです。

15 モチベーションが必要ない理由②
行動できない原因は別にある

行動できない原因は3つある

そもそも、行動できる人とできない人の差は何でしょうか？

そこには「性格」「環境」「アイデア」の3つの要素があります。

①性格

楽観的な人と、悲観的な人では、行動に差が出ます。考えてから行動する人と、まず行動してから考える人でも違ってきます。性格は行動できるかどうかに大きな影響を与えます。

②環境

結婚して子供がいる人と、独身の人とでは、行動できるかどうかに差が出ます。お金があるかないか、住宅ローンを組んでいるかいないかでも変わってきます。今勤めている会社の居心地の良し悪しでも違ってくるでしょう。

③アイデア

アイデアの良し悪しでも行動できるかどうかが変わってきます。

ふと良いアイデアが思い浮かび、いても立ってもいられずに行動したくなることはありませんか？　そのようなアイデアを閃いたら、とりあえず試作品を作ってみるとか、同じようなアイデアがないかネットで検索してみるなどの行動を取るでしょう。

一方で、良くないアイデアであれば、特に行動しようとはしないでしょう。

16 モチベーションが必要ない理由③ アイデアを変えれば自然と行動できる

アイデアは性格や環境とは違って簡単に変えられる

残念ながら、「性格」や「環境」はなかなか変えることができません。幼い頃から築かれてきた性格や自分自身の環境を変えるのは非常にたいへんです。「明日からポジティブに生きましょう」と言われても急にはできないし、「今すぐ仕事をやめて事業に集中できる環境に身を置きましょう」と言われても困りますよね。

しかし、「アイデア」は別です。アイデアは性格や環境とは違って簡単に変えられます。アイデアは思いつくかどうかだけです。さらに言えば、アイデアを意識して考えるか、考えないかの違いだけです。

ですので、アイデアを考えることを意識していれば、ある日突然に良いアイデアが思いついて、あなたの人生を変える可能性が十分にあります。もしかしたらその日が明日かもしれません。

行動ができなかった人がいきなり行動できた理由とは?

私があるセミナーで出会った30代会社員の方の話をします。

この方は起業したいけれど起業できずに悩んでいました。行動ができなくて周りから「勢いが必要」とか「想いが足りないだけ」とか散々言われてきていました。そして自信をなくしていました。

私は、そんな彼に、「行動できない原因はアイデアにある」と伝え、アイデアの創出方法をお伝えしました。

そして、その2ヶ月後くらいに、その方からメールをいただきました。メールには「こんな商品を考えました! これで起業したいと思っているのですがどうですか?」という内容と、手作りの試作品の画像データが添付されていました。

行動できずに悩んでいた人が、アイデアを考えて試作品まで作ってしまう行動をしていたことにびっくりしたのと同時に、アイデアの重要性を改めて認識しました。結局、この方のアイデアは、事業化のプロセスを検討した結果、ビジネスにはなりませんでしたが、まさに行動できない人が良いアイデアを閃いたことによって行動できた事例になります。

行動できないのは魅力的なアイデアでない証拠

つまり、アイデアが良いと行動したくなるのです。逆に、思いついたアイデアで行動できないのであれば、そのアイデアはあなたにとってはその程度だということになります。

ですので、行動できないことに悩むのではなく、アイデアを考えることに時間を使ってください。良いアイデアは性格や環境に関係なく、行動を促してくれます。

アイデアには、それ自体が世の中を変えたり、お金になったりするような価値はありません。しかし、価値ある行動を促す原動力となるのがアイデアであり、そこにアイデアの価値があるのです。行動できないのは、あなたにとってそこまで魅力的なアイデアでないか、アイデア自体の魅力に気付いていないだけになります。

第2章でアイデア創出の方法を説明しますので、本書を読んで、行動が伴うアイデアをぜひ見つけてください。

17

事業計画書が必要ない理由①
事業計画書がなくてもお金も人も何とかなる

事業計画書が必要な2つの場合

起業する際に、事業計画書が必要と思われている人も多いと思います。コンサルタント等の専門家が事業計画策定支援を商売としてしまっているからかもしれません。

事業計画書を作ろうとすると「何を書こうか」「どのように書けばいいのだろうか」「変なことを書いてしまわないだろうか」など、悩みが尽きません。

しかし、事業計画は本当に必要なのでしょうか?

起業初期において事業計画書が必要な場合というのは、一般的に「人を巻き込む場合」と「お金を集める場合」が考えられます。しかし、この2つについてよく考えてみると、実際は事業計画が必要ない場合も多いのです。

人を巻き込むには実は事業計画は必要ない

まず、人を巻き込む場合について考えてみましょう。誰かが事業に参画してくれる理由というのは、「あなた（のチーム）だから」か「将来性があるから」の2つです。

①あなた（のチーム）だから

あなたもしくはあなたが一緒に事業をするメンバーが魅力的な場合です。「何をやるか」よりも「誰がやるか」が重要な判断基準となるパターンです。

例えば、あなたのメンバーに何度も事業を作っては売却して数十億の資産を持っているメンバーがいれば、何となく事業が成功しそうな気がします。

あるいは、あなた自身が起業するビジネスの業界に精通した人間であれば、これもまた成功しそうな気がします。

②将来性があるから

あなたのやろうとしているビジネスに将来性を感じた場合です。

将来性は、必ずしも事業計画で示す必要はありません。将来性や他者との違い、実際にニーズがあるかどうかの事実を、口頭もしくは簡単な資料で説明できれば十分です。

事業計画書といった立派な書類がなくても、上記の2点、「あなただから」「将来性があるか」のどちらかを相手に理解してもらえれば人を巻き込んでいくことは可能となります。

❯そもそもお金は必要ない

一方で、お金が必要となった場合には、事業計画書が必要となる場合が多いのは間違いありません。金融機関やベンチャーキャピタル（投資家）からお金を集める際には、金融機関やベンチャーキャピタル社内での稟議や投資会議で事業計画が必要となります。それがないとお金を出してもらうことは難しいでしょう。

しかし、ビジネスの立ち上げ時においては、そもそもお金が本当に必要なのかどうかを考えることが重要です。これまでは開業するのに百万円単位のお金が必要だったことが、今や安く始められる時代になっています。例えば、既存店舗を間借りして初期費用を抑えて飲食店を開業できたり、シェアオフィスなどで安く事務所を持ったりすることができます。

事業計画の策定より顧客ニーズの把握を優先するべき

つまり、0→1をおこなう上で、事業計画は必ずしも必要ないのです。

第4章で詳しく述べますが、起業が成功するかどうかは顧客ニーズを把握できるかどうかにかかっています。そして、顧客ニーズを把握するための行動は、事業計画の策定に関係なく進めることができます。顧客ニーズを把握して、このビジネスは間違いなくニーズがあるという確信を持ってから人やお金集めをしても遅くないですし、その方が失敗のリスクを低減できます。

ですので、事業計画を策定するために悶々と悩むより、本当に重要な顧客ニーズの把握に時間を割くべきです。

18 スキルや経験が必要ない理由①「できるか」より「やりたいか」が大切

❯できないからといって、やりたいことを諦める必要はない

起業アイデアを考える時に、「自分ができること」を軸に考えていませんか？

できることを活かすのはもちろん大切ですし、スタートさせやすいことは間違いありません。しかし、起業前のあなたが「今」それができなくても、「これから」できるようになればいいのです。あるいは、できるようになるために時間がかかるようなら、他の人にあなたができない部分をやってもらえば良いのです。

起業アイデアを考える際は、「できるか、できないか」で判断する必要はありません。

一番大切なことは、「顧客のニーズがあるのかどうか」、そして「あなたがやりたいのかどうか（やるべきことかどうか）」です。できることに顧客のニーズがあって、それがあなたのやり

たいことでもあるなら一番良いのですが、できないからといって、やりたいこと（やるべきこと）を諦める必要はありません。

ゆるぎないwillやmustを確立しよう

図は、よくキャリア形成などで使われるwill, must, canで整理したフレームワークです。

willはやりたいこと、あなたが起業によって実現したいことになります。

mustはしなければならないこと、あなたがやるべきことです。キャリア形成においては会社や組織での役割においてやらなければならないことになりますし、起業で言えば使命感のようなものになります。

canはできること、起業しようとしていることができる（得意）かどうかになります。

キャリア形成においては、この3つが重なるところを目指すのが良いとされていますが、起業アイデアにおいては、ゆるぎないwillやmustを確立して、それを実現するためにcanを考えれば良いのです。

will、can、mustのフレームワーク

良くないパターン

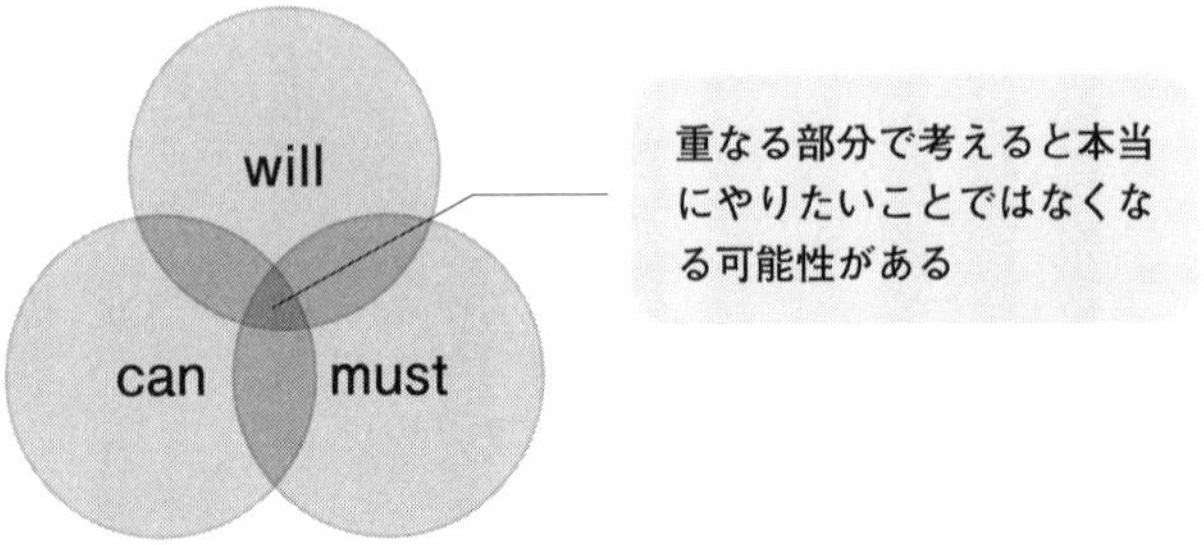

良いパターン

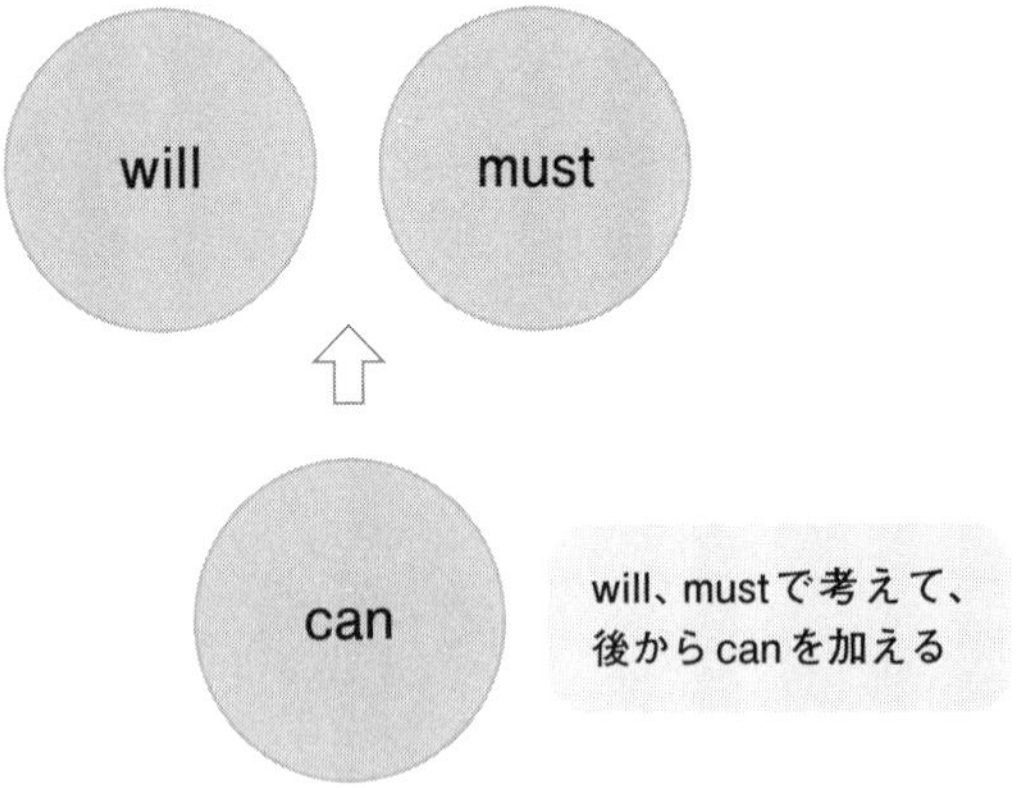

19 スキルや経験が必要ない理由②　不足しているものは補える

自分一人でやろうとしなければ、何とかなる

もちろん、やりたいこと、やるべきことが明確になったら、どうすればそれを実現できるのか（can）を考える必要はあります。

できるかどうかを考える上で大事なのは、「自分一人でやろうとしないこと」です。

例えば、世の中に必要とされるサービスを実現するために、アプリ制作やプラットフォームのプログラム構築が必要な場合を考えてみましょう。

もちろん、自分自身で学ぶという手もあります。時間を確保すれば十分実現できるでしょう。

一方で、できる人を事業に巻き込んだり、外注したり、無料もしくは低額の有料サービスで賄う方法もあります。

ホームページは今や無料もしくは低額で簡単に作れますし、無料で簡単にＥＣショップを運営できるサービスもあります。モノを作るのであれば、シェアオフィスなどで３Ｄプリンターが使えますし、自治体でも製造をサポートする相談窓口があります。

ですので、起業アイデアを「できるか、できないか」で判断して、本当に必要とされるかもしれない事業をやらないのはもったいないのです。「やりたいこと」「やるべきこと」から考えて、「できるか、できないか」で判断しないようにしましょう。

調べてみると、できないと思っていることでも、意外と簡単に何かしらの手段が発見できますので、できないことを心配しないでください。

20 人脈が必要ない理由①人脈は簡単に作れる時代になった

人脈を作る手段はいくらでもある

今時点で人脈がなくても心配はいりません。なぜなら、簡単に作れるからです。大企業やコンサルタント等の支援家と簡単に無料で繋がれるような時代になっています。全国的にもコミュニティ形成を狙っているシェアオフィスも増えていますし、少し検索すれば、ベンチャーと大企業がマッチングするためのイベントや交流会も簡単に見つかります。

しかも、近年は支援家側の方が増えてきており、ベンチャー企業を取り合っている構造になっています。ベンチャー企業側が人脈を持っていなくても、人脈を持っている支援家や大企業と簡単に繋がれるようになっているのです。

21 人脈が必要ない理由②
むやみやたらに名刺交換しない方が有利

❯会う価値のない人だと思われるなら知り合わない方がいい

一方で、注意してもらいたいことがあります。

人脈を広げるのはもちろん重要ですが、むやみに名刺交換をして繋がれない「人脈」を増やさないようにしましょう。

友達とか（元）同僚とかの旧知の仲は別ですが、社会人になって知り合った人は相手に対してシビアになります。特に大企業や支援家は優秀なベンチャー企業経営者との出会いを求める分、たくさんの人と名刺交換をしています。すると、名刺交換をした人全員と面談する時間はないため、最初の1、2回で会う価値のない人間だと思われてしまったら、もう次は会ってもらえません。

ですので、会う価値のない人だと思われるくらいなら、知り合わない方が正直良いのです。

「面白そう」と思ってもらうことが重要

単なる名刺交換では本当の人脈にはなりません。

人脈を広げる際は、自分が相手にとって魅力的な存在であることをアピールできる準備をしておく必要があります。名刺交換をした相手の立場によりますが、「この人と会うとメリットがありそう」と思ってもらうように心がけてください。

人脈は友達作りではないので、「いい人そう」とか「第一印象」を気にする必要はありません。とにかく、会った時に「この人は面白そう」と思ってもらうことが重要です。

「面白そう」とは、例えば次のようなことです。

・面白い（熱狂的な、ユニークな）プロダクトを持っている
・描いている将来像（ビジョン）がワクワクする
・将来性を感じる、何かを成し遂げそう
・過去の実績がすばらしい

・周りに影響力を与えられそう

もちろんこれらに限らず、相手にとって「面白い、何か得しそう、得られるものがありそう」と思ってもらえれば、どんなことでも良いのです。

難しいと思うかもしれませんが、例えば2番目の将来像（ビジョン）を語る、は誰でもできることです。面白い起業アイデアを考えて、それが世の中をどれほど変えるかを子供のようにワクワクした気持ちで伝えれば、相手も理解してくれます。

とにかく、人と会う前には、無駄に会わないで魅力的に思ってもらえるように準備するように心がけてください。

第1章

そもそも起業アイデアとは何か

ビジネスを始めるためには、素となる起業アイデアが必要です。ただし、どんなアイデアでもいいというわけではありません。新しいビジネスを始めるためのアイデアとなるためには、条件があります。この章では、その条件を見ていきましょう。

1 一般的なアイデアと起業アイデアの違い

すべてのアイデアは既存の要素の組み合わせ

最初に一般的なアイデアと起業アイデアの違いについてお話しします。

結論からお伝えすると、「一般的なアイデアは型（かた）がない」「起業アイデアは型がある」ということが最大の違いになります。

アイデアに関連する本は多く出版されています。代表的な本がジェームス・W・ヤング『アイデアのつくり方』（CCCメディアハウス、1988年）でしょう。この本の中には「アイデアとは既存の要素の新しい組み合わせ以外のなにものでもない」という有名なフレーズがあります。起業しようと思ってアイデアを考えている皆さんなら、一度は聞いたことがあるかもしれません。

この言葉は、「既存の要素同士を新しく組み合わせることで新しいアイデアが生まれる」ということを意味しています。確かに、すべてのアイデアは既存の要素を複数組み合わせることで成り立っていると言えます。

一般的なアイデアの発想法では、起業アイデアの発想は難しい

ただ、「どのような要素を組み合わせれば良いのか」については言及していません。何と何を組み合わせれば良いのかについては、その人のセンス（感覚）に任せられてしまっています。

このようになってしまうのも仕方がないことで、一般的なアイデアを創出する方法においては、限定したり型を作ったりすると、かえって制限がかかってしまい、自由な発想を阻害してしまうからです。

しかし、その自由度の高さによって、一般的なアイデアの発想法では起業アイデアを発想することが難しくなっています。

一般的なアイデアと起業アイデアの違い

一般的なアイデア

型がない

⇩

自由な発想ができる

⇩

発想の自由度が高いため、発想しにくい

起業アイデア

型がある

⇩

発想に制限が加わる

⇩

考えるべきことが明確なため、発想しやすい

2 起業アイデアには型がある

型があるから、簡単に発想できる

一方、起業アイデアに絞って考えると、明確な型を定義することができます。

後ほど詳しく説明しますが、起業アイデアは「誰の（顧客）」「何を（課題）」「何で（解決策）」「どのように（提供方法）」「誰から（収益化）」の5つの要素で成り立ちます。

つまり、この5つの要素を考えることが起業アイデアを考えることであり、新しい起業アイデアはこの5つの要素の新しい組み合わせで創出できると言えます。

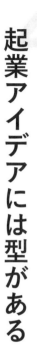

先ほども述べたように、一般的なアイデアの発想法では、これら5つの要素が含まれているかどうかに関係なく自由に発想します。そうすると、さすがに「何で（解決策）」となるプロダクトの要素が抜けることはないと思いますが、「誰の（顧客）」の要素がなかったり、「誰から（収益化）」となるお金の視点がなかったりする可能性があります。

しかし、起業アイデアにおいては、これら5つの要素はどれも必須です。それがゆえに、既存の商品・サービスの5つの要素のどれか1つを変えるだけでも新しいアイデアとなります。

例えば、「誰に」の部分の顧客（ターゲット）を変えてみる。具体的には、海外では当たり前のように展開されているビジネスを日本に持ってくる（ターゲットを海外から日本に変える）のも、すばらしい起業アイデアになります。

同じように、新しい「何を（課題）」に気付いたり、新しい「何で（解決策）」を開発したり、別の「どのように（提供方法）」に変えたり、「誰から（収益化）」を工夫したりすることで、これまでにない起業アイデアが作れます。

起業アイデアの型

<table>
<tr><td rowspan="2">誰の
（顧客）</td><td rowspan="2">何を
（顧客の課題）</td><td>何で
（課題に対する解決策）</td></tr>
<tr><td>どのように
（解決策の提供方法）</td></tr>
<tr><td colspan="3">誰から
（収益化：誰から、どのように）</td></tr>
</table>

3 起業アイデアの型を考えるための3つの方法

「プロダクトから」「マーケットから」「コンペティターから」で考える

繰り返しますが、起業アイデアの型は5つの要素で成り立ちます。その5つの要素を考えるために、3つのアプローチが有効です。そのアプローチとは、「プロダクトから」「マーケットから」「コンペティターから」というものです。

私はそれぞれ、プロダクトアウト発想法、マーケットイン発想法、コンペティターシフト発想法としています。なお、コンペティターシフトは著者の造語になります。

①プロダクトアウト発想法

自分自身が保有する技術やノウハウ、商品・サービスから発想する方法です。マーケティングにおけるプロダクトアウトと考え方が似ていることから、プロダクトアウト発想法としています。プロダクトアウトとは、自身が有する技術やノウハウの利用を優先して商品やサービスを開発する考え方で、プロダクトありきの発想です。

例えば、新しい技術やノウハウを開発したら、それを活かしたビジネスを展開できます。最近のＡＩ技術やブロックチェーンを使った新たなビジネスはこのパターンです。

技術革新が新たなビジネスを生むため、新たなスキルを身につけた場合はプロダクトアウト発想法で起業アイデアを創出するのが有効です。

②マーケットイン発想法

市場や顧客の悩みや欲求から発想する方法です。マーケティングにおけるマーケットインと考え方が似ていることから、マーケットイン発想法としています。マーケットインとは、顕在化している顧客のニーズへの適合を優先して商品やサービスを開発する考え方で、マーケットありきの発想です。

例えば、顧客が抱えている悩みや欲求に気付いたら、それを解決するビジネスを展開できます。最近の自動運転や癌治療等の新薬の開発、ライフスタイルの変化によるリモートワークを実現したネット環境や高齢者の見守りサービスなどは、顧客のニーズから生まれたものです。

人々の悩みや欲求が出やすいライフスタイルの変化を見つけた場合はマーケットイン発想法で起業アイデアを創出するのが有効です。

③コンペティターシフト発想法

競合の商品・サービスから発想する方法です。コンペティター（競合）からシフト（変化）させることから、コンペティターシフト発想法としています。この発想法は、コンペティターの商品・サービスから起業アイデアの発想を開始する方法のため、競合ありきの発想です。

例えば、ECサイト市場ではアマゾンや楽天が有名ですが、この2社は多種多様の商品を扱っているのが特長です。一方で、ファッションに特化した「ZOZOTOWN」や、工場の消耗品に特化した「モノタロウ」、鮮魚に特化した「UOPOCHI（魚ポチ）」などは、アマゾンや楽天のようにさまざまな商品を扱うのではなくてある分野に特化しています。これらのサービスは競合（アマゾンや楽天）の取扱品を各分野の商品にシフト（変化）させてビジネスを展開しています。

新規市場はもとより、競合が存在する既存市場で新しいことを始める場合は、コンペティターシフト発想法で起業アイデアを創出するのが有効です。

4 起業アイデア発想法の進化の流れ

❯起業アイデアの発想法は、時代背景と共に進化している

前述の3つの発想法には、それぞれの特長と発想のしやすさがあり、本書ではプロダクトアウト発想法を起業アイデア1・0の段階、マーケットイン発想法を起業アイデア2・0の段階、コンペティターシフト発想法を起業アイデア3・0の段階としています。1・0から2・0、そして3・0に進化している、というイメージです。

詳しく説明しましょう。

プロダクトアウトで発想する考え方は、自身が保有する技術やノウハウを形にすればビジネスになる時代には有効な方法でした。イメージは1980年代の高度経済成長期のような、造れば売れる時代です。つまり、競合が少なく、また、需要が供給を上回っている状態だからこそ成り立つ考え方でした。これを起業アイデア1・0とします。

しかし、やがてモノが溢れるようになり、造れば売れる時代ではなくなってきたことでマー

ケットインの発想が生まれます。単に造るだけでは売れないので、顧客の要望に合わせて造る、つまり、顧客ニーズを把握して、それに合致する商品・サービスを造る考え方に変わっていったのです。

こうして、技術やノウハウに頼った商品・サービス開発（プロダクトアウト）からのアイデア発想ではビジネスが難しくなり、顧客ニーズを考えた商品・サービス開発（マーケットイン）からのアイデア発想、すなわち起業アイデア2・0へと主役は移行しました。

今の時代に最適なのが起業アイデア3・0のコンペティターシフト

ただ、今日においては、マーケットイン発想法では対応しきれなくなっているのが現実です。市場や顧客を意識した起業アイデアの発想が重要であることは当然ではあるも、無料もしくは低額で利用できるプラットフォームやクラウドファンディングが活性化したことにより、昔よりも容易に起業アイデアを実現できる世の中になっています。

そうなると、顕在化している市場や顧客のニーズから発想していくと、それを解決する手段は既に存在していることが多く、新たな起業アイデアとはなりにくくなっています。

そこで著者が考えた今日の起業アイデア発想に有効な方法、それが起業アイデア3・0となるコンペティターシフト発想法です。そもそもの発想のスタートを競合の商品・サービスにして、それとの違いを見出して市場のニーズを探る方法は、競合で溢れかえっている今日において非常に有効な手段となります。

このように、起業アイデアは時代背景と共に1・0から2・0、そして3・0へと変化してきているのです。

今日の起業アイデアの創出においては、起業アイデア3・0のコンペティターシフトが誰もが簡単に閃めくことができて、また、ビジネスにしやすい発想法になります。

起業アイデアの進化の流れ（変遷）

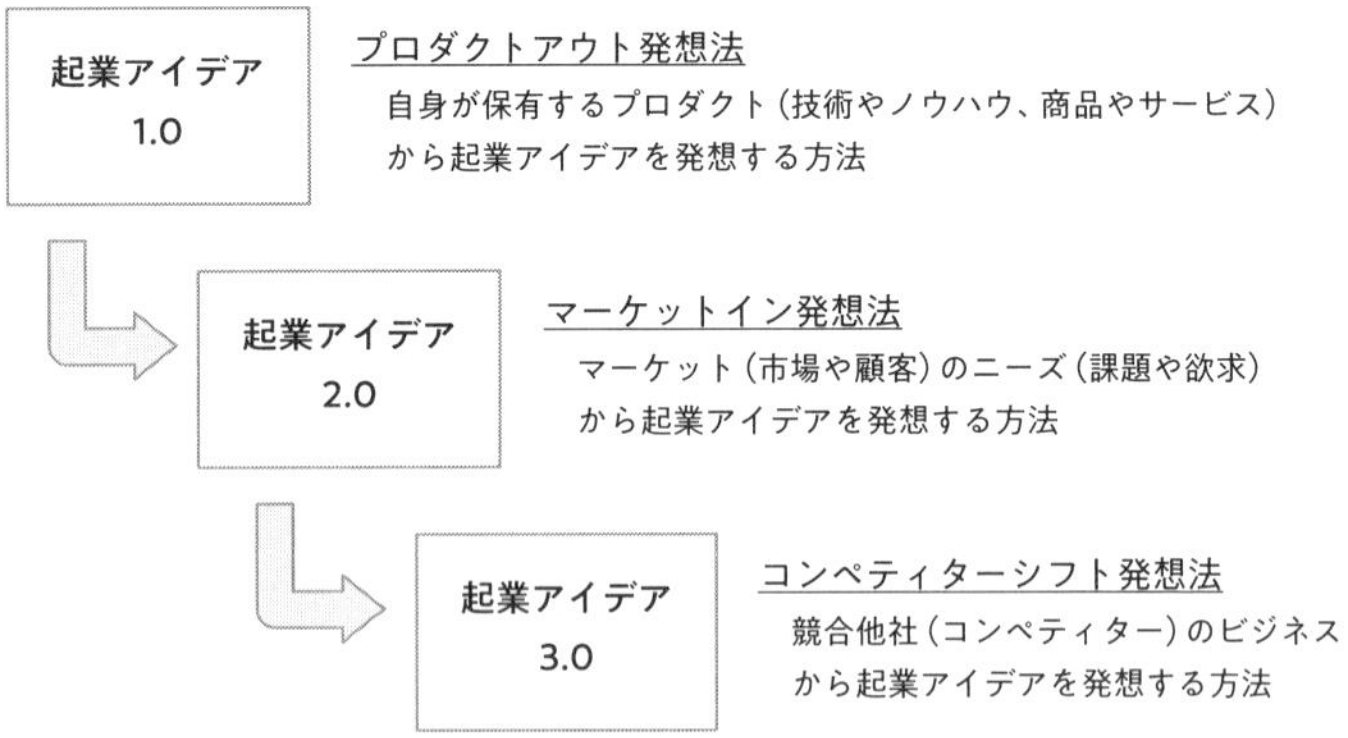

起業アイデア 1.0
プロダクトアウト発想法
自身が保有するプロダクト（技術やノウハウ、商品やサービス）
から起業アイデアを発想する方法
起業アイデア 2.0
マーケットイン発想法
マーケット（市場や顧客）のニーズ（課題や欲求）
から起業アイデアを発想する方法
起業アイデア 3.0
コンペティターシフト発想法
競合他社（コンペティター）のビジネス
から起業アイデアを発想する方法

5

3つの起業アイデア発想法の使い分け方

今もなおそれぞれの発想法が有効な場面はある

進化しているとはいっても、起業アイデア1・0（プロダクトアウト発想法）と起業アイデア2・0（マーケットイン発想法）が使えなくなってしまったわけではありません。

モノやサービスが溢れるようになったとはいえ、今も新しい技術が開発されており、それによって新しいビジネスが生まれています。これはプロダクトアウト発想法の考え方です。

また、新たなモノやサービスの出現、環境や価値観の変化などによって、人々のライフスタイルが変わることで、悩みや欲求も新たに出てきてビジネスが生まれます。その変化に合わせていち早く顧客ニーズを捉えるマーケットイン発想法も有効です。

このように、今もなおそれぞれが起業アイデア3・0（コンペティターシフト発想法）よりも有効な場面はあるのです。

ですので、状況によってプロダクトアウト発想法、マーケットイン発想法、コンペティターシフト発想法を使い分けることが重要になります。

3つの発想法の特長

	プロダクトアウト発想法	マーケットイン発想法	コンペティターシフト発想法
概念	技術や商品ありき	市場や顧客ありき	競合との比較ありき
アプローチ	プロダクトから	マーケットから	コンペティターから
5つの要素のスタート	「何で」「どのように」から発想を始める	「誰の」「何を」から発想を始める	要素の順番は問わない
発想が有効な場面	新しい技術やノウハウを使って商品・サービスを展開する場合に有効	法改正やライフスタイルの変化など新たなニーズが出現する場合に有効	新規市場、既存の市場に限らず競合が想定される場合に有効

6 起業アイデアを構成する5つの要素

起業アイデアとは、5つの要素の新しい組み合わせ

前述したように、起業アイデアは5つの要素「誰の」「何を」「何で」「どのように」「誰から」から成り立ちます。ですので、「起業アイデアを考える」ということは、「この5つの要素を考える」ということになります。

では、5つの要素を見ていきます。

①誰の

「誰の」はこのビジネスによって喜ぶ顧客（ターゲット）のことです。このビジネスをやった時に、悩みを解消したり、欲求を満たしたりして幸せにしたい人がターゲットになります。

ターゲットごとに抱える課題が違うことが多く、ターゲットが変われば課題も変わります。

そのため、ターゲットとこの後に述べる課題は密接な関係があります。

②何を

「何を」はターゲットが抱えている悩みや欲求のことです。その悩みや欲求が、このビジネスによって解決する課題になります。

課題はターゲットによって異なるため、課題が変わればターゲットも変わります。そのため、ターゲットと課題は密接な関係があります。また、この後に述べる解決策とは表裏一体の関係になります。

課題は競合次第でも変わってきます。例えば、携帯電話がない時代でしたら「遠くの人といつでもどこでもタイムリーに会話をしたい」という課題設定でよかったですが、携帯電話がありふれている今日においては「高品質のカメラ機能が欲しい」とか「簡単に操作したい」とか「充実した機能が欲しい」といった、より細かな課題設定が必要になります。

③何で

「何で」は課題を解決する方法、つまり解決策のことです。これは言い換えると、このビジネスのコアとなる商品・サービスとなります。

解決策と課題は表裏一体です。解決策は課題を解決するものなので、解決策の逆が課題、課題の逆が解決策です。例えば、「寝坊してしまう（課題）」に対して「寝坊させないための手段＝目覚まし時計（解決策）」となります。

また、この後に述べる提供方法とも密接な関係があります。解決策と提供方法を併せて課題を解決する場合もあるからです。

④どのように

「どのように」は解決策を提供する方法、つまり商品やサービスの顧客への届け方のことです。提供方法を含めて課題を解決する場合もあるため、提供方法と解決策は密接な関係があります。例えば、アマゾンは「早くいろんなものを手に入れたい」という課題に対して、「たくさんの種類のあるECサイト」という解決策と「1日で配送する」という提供方法でターゲットの課題を解決しています。

⑤誰から

「誰から」は収益化するために大切なお金を払ってくれる人と払ってもらう方法（マネタイズ）のことを指します。マネタイズとは、例えば、月額定額とか売り切りとか、フリーミアム（基本無料で追加要素を有料とする）とかを指します。

必ずしも、商品・サービスを使う人＝お金を払う人とは限りません。例えば、DeNAの0円タクシーはその典型です。なぜ、利用者が0円でサービスを利用できるかと言うと、タクシーの中で広告宣伝をおこないたい企業が広告費としてお金を出しているからです。

このように、お金を払う人を考えることも重要になります。

❯ビジネスにおいてはお金を払ってもらうことが大事

なお、「誰から」について補足すると、そもそも起業（ビジネス）は、「誰かの欲求を満たすためにおこなう活動」と言えます。具体的には、誰かが抱えている悩みを解決してあげたり、誰かが望んでいる欲を満たしてあげたりすることです。

これが無償のボランティアの場合はビジネスとは言えません。ビジネスとはお金になってこそ意味があるものです。「お金稼ぎは良くない」という認識の方もいるかもしれませんが、ビジネスにおいては、お金を払ってもらうことこそ、世の中において人の役に立っているという証拠になります。

ですので、ビジネスにおいては「誰から」の面が非常に重要になります。

ただし、言うまでもありませんが、誰かを騙して稼いだり、誰かを犠牲にして儲けたりすることを良しとしているわけではありません。そのようなビジネスはやめてください。あなたがおこなった活動によって、誰かが喜んでくれて、それによって正当な対価としてお金をもらうことがビジネスです。

お金稼ぎは良いことです。お金を稼げる起業アイデアを考えましょう。

起業アイデアの5つの要素

<table>
<tr><td rowspan="2">誰の
（顧客）</td><td rowspan="2">何を
（顧客の課題）</td><td>何で
（課題に対する解決策）</td></tr>
<tr><td>どのように
（解決策の提供方法）</td></tr>
<tr><td colspan="3">誰から
（収益化）</td></tr>
</table>

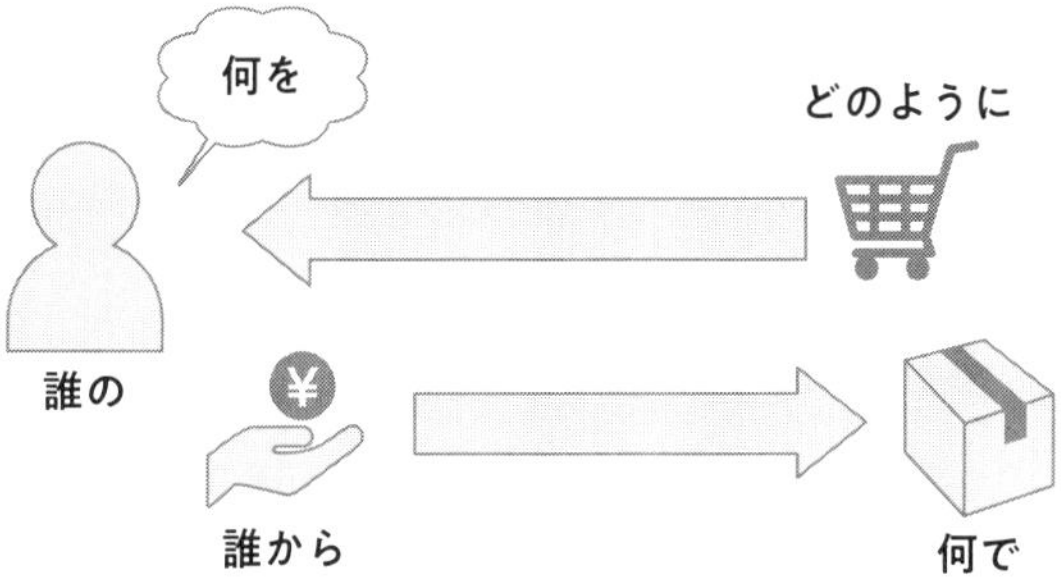

7

新しい起業アイデアの作り方

5つの要素の1つを別のものにすれば新しいアイデアになる

5つの要素を考えると起業アイデアになることは、先ほどお伝えした通りです。

では、新しい起業アイデアとは何でしょうか？

それは「5つの要素の新しい組み合わせ」になります。

よく斬新的な、奇抜な発想が必要と思われがちですが、そんなことはありません。競合の商品・サービスと比較して1つでも違う要素になっていれば、新しい起業アイデアとして成り立ちます。

ですので、起業アイデアを発想する簡単な方法は、競合の商品・サービスの5つの要素の1つを別のものに変更することです。これがコンペティターシフト（起業アイデア3・0）の考え方となります。

競合商品・サービスから起業アイデアを考えると、何もないところから発想するよりもアイデアが閃きやすく、かつ、競合と違う商品・サービスにできます。

競合から変更（コンペティターシフト）したビジネスの例

各要素を競合からシフトした例を参考に挙げておきます。

・「誰の」をシフトした例①民泊事業

日本でも2018年6月に解禁された民泊事業は、アメリカの企業Airbnbのビジネスが見本となっています。皆さんもご存知の通り、Airbnbは個人の家を宿泊先として旅行者に貸し出すプラットフォーム事業をやっています。

このビジネスが日本でも広がっていますが、これは「誰の（ターゲット）」を「アメリカに来る旅行客」から「日本に来る旅行客」にシフトした例となっています。

・「誰の」をシフトした例②すららネット

これまでの小・中学生の授業の塾は、勉強ができる子が受けるものとなっていました。例えば、「（エリア一番レベルの高い）○○高校に○名合格」などをアピールしたりしているのが良い例です。

そこで、すららネットという会社はICTを使った独自の仕組みで、レベルの高い進学校に入るのは難しいけど、学校の授業についていけるレベルに学力を高めたい子に向けた学習塾を展開しました。つまり、巷の学習塾が「進学する子」を対象としていたのに対して、すららネットは「学校の授業についていけない子」にシフトしたのです。

このビジネスですららネットは上場し、海外展開も開始しています。

・「何を」をシフトした例①森永ラムネ

身近なおやつの定番としてロングセラーとなっている森永ラムネは、著者が子供の頃からありました。当時は（子供の）楽しみとしてのおやつで食べていましたが、森永製菓株式会社は主原料がブドウ糖であることに着目し、脳への糖分補給する食品として、ビジネスパーソンや学生を対象にした商品としても売り出しています。

これは（子供の）おやつとして楽しみたいという課題から、（大人の）脳の働きを良くしたい課題にシフトした例になります。

・「何を」をシフトした例②ハンドスピナー

「ハンドスピナー」というおもちゃをご存知かと思います。これは、もともとは普通のおもちゃでは遊べない重症筋無力症の患者のために作られたおもちゃでした。しかし、今では暇つぶしや手持ち無沙汰（課題）を解消するおもちゃとして活躍しています。

これも、解決する課題がシフトした例になります。

・「何で」をシフトした例①LINE

SMS（ショートメッセージサービス）は相手の携帯番号さえ知っていればメールが送れる、非常に便利な機能です。しかし、文字数に制限があったり、（LINEアプリが出てくるまでは）画像が送れなかったりと、使い勝手がそれほど良くはありませんでした（なお、SMSは2018年5月より、「+メッセージ」に移行し、一定の条件下で文字数無制限で写真や動画も送れるようになっています）。

そこで登場したのが、文字数に制限なく、画像も送れたり、スタンプなどのコミュニケーションを楽しめる機能も付いている、LINEアプリです。さらに、無料電話もできることで一気にLINEは広がりました。

・「何で」をシフトした例②プラスチックの生ビール容器

メイクラフトというベンチャー企業があります。この会社は生ビールを入れる鉄で作られた容器（居酒屋などの店舗で円柱の鉄の生ビール容器を見たことがあるかと思います）をプラスチックで作ったベンチャーです。

容器の素材を鉄からプラスチックに変えただけですが、これにより使い捨てを実現できて、全国どこでも発送を可能にしました。さらに、バケツで作った簡易型ビールサーバーも提供することで、場所を選ばずに生ビール（正式にはクラフトビール）を楽しめる世の中を実現しています。

・「どのように」をシフトした例①Amazon

ECサイトを運営するAmazonは、注文方法と配送スピードで規模を拡大しました。他のECサイトでは何度もクリックしないと注文できなかった仕組みを「ワンクリック」でできるようにしたのと、翌日に到着するという圧倒的な配送スピードを実現したことで、事業拡大しました。

・「どのように」をシフトした例②貸倉庫

これまで、貸倉庫は面倒な賃貸借契約が必要で、敷金や補償金などの初期費用も発生していました。また、契約期間も1年単位であるため、ちょっと借りたい、年末商戦のために一時的に倉庫を借りたいといったニーズに応えるのが難しい状況でした。

そこでｓｏｕｃｏという会社は倉庫を1日単位で借りられるプラットフォームを作り、ちょっと借りたいというニーズを解決しています。提供方法を数年単位から1日単位にシフトした例です。

・「誰から」をシフトした例①転職サービス

転職サービスは一昔前は求人したい起業側がお金を払い、転職希望者は無料で提供されるサービスでした。転職希望者がお金を払う仕組みは成り立たないと思われていたのです。

しかし、近年は転職希望者が登録料を払うサービスが増えています。それは、転職希望者がお金を払うことで、転職に本気の、質の高い転職希望者が集まるようになるからです。

これは、「企業からお金をもらう」を「転職希望者からお金をもらう」にシフトした例になります。

・「誰から」をシフトした例②月額定額サービス

売り切りのサービスから月額の定額制サービスに切り替えるパターンもあります。例えば、文章作成・表計算ソフト等のソフトウェアや自動車などでも売り切りから月額定額制が導入されています。

また、昨今では、ユーザー全員からお金をもらうのではなく、一部のコアなユーザーからお金をもらうアプリ（フリーミアムモデル）も増えてきています。

第2章

起業アイデアの作り方

それではいよいよ、起業アイデアを創造していきましょう。前章で説明したように、起業アイデアには1・0から3・0まで種類があるので、それぞれについて、どのようにしてアイデアを考えていけばいいかをお伝えします。

1 起業アイデア1・0「プロダクトアウト発想法」

❯優位性のあるプロダクトがある場合に有効な発想法

前述した通り、プロダクトアウト発想法は、自分自身が保有する技術やノウハウ、商品・サービス（プロダクト）から発想する方法です。市場や顧客ニーズ（マーケット）からではなく、プロダクトありきの発想法です。

これは、必ずしも悪いことではありません。あなたが開発した新しい技術やノウハウ、商品やサービス（プロダクト）は、競合他社より有利な可能性が高いものになります。そのプロダクトが「誰の課題を解決できるのか」を見出せれば、競合他社よりも有利な状態で展開できます。

つまり、プロダクトアウト発想法は、競合他社より優位性があるプロダクトをあなたが有する場合に有効な手段となります。

プロダクトアウト発想法での起業アイデアの作り方

プロダクトアウト発想法による5つの要素を決める順番は下記の通りです。

①対象（何で、どのように）を決める

まず、解決策となる自身が有するプロダクト（何で）と、その提供方法（どのように）を決めます。

プロダクトは、自身が競合と比較しても優位性があると思われるものを選ぶと良いです。優位性があるプロダクトを選ぶことで、起業アイデアが競合と被ったとしても勝てる可能性が高まります。

また、提供方法に自分の特長がある場合は、その提供方法で「何を」提供するかを考える必要があります。提供方法は「アナログをデジタルにする」「共通で使えるプラットフォームを構築する」など汎用的な場合が多いので、「何を」と組み合わせて考えましょう。

②対象の価値を考える

対象を決めたら、次はその対象が提供する価値を考えます。

価値とは顧客の課題を解決するもので、収益の源泉になります。

価値を考える際は、対象を各要素に分けると見つけやすくなります。対象を各要素に分解して、分解した要素ごとにどのような価値があるのかを考えます。

また、要素ごとにどのような価値があるのかを考える際には、先入観を持たないことが重要です。例えば、ある要素が「重い」というマイナスな要素だったとしても、「逆に『重い』に価値を感じる場合は？」「解決できる課題は何か？」と考えることが大事です。

③価値が解決する課題（何を）を考える

価値が決まったら、その価値が解決する課題を考えます。

課題は簡単で、価値を逆にしたものが課題になります。例えば、「便利にする」という価値であれば、課題は「便利にしたい」になります。

④課題を抱える顧客（誰の）を考える

課題が決まったら、その課題を抱える顧客を考えます。

顧客を考える際は、その課題が発生する場面を考えると閃きやすくなります。どのような場面で課題が出現するか、そのシーンを想像することで顧客を見つけられます。

⑤収益化（誰から）を考える

「誰からお金をもらうか」を考えます。利用者からお金を払ってもらうパターンが一番わかりやすいですが、それだけがビジネスではありません。例えば、利用者以外の人、利用者の身近な人や利用者の情報を求める企業、利用者へ宣伝したい広告主などがありえます。利用者以外の人からお金を払ってもらう場合は、その人に提供する価値も考えましょう。

また、「どのように払ってもらうか」も重要です。一般的な商品であれば売り切りになりますが、最近では購入しないで月額定額でレンタルにしたり、無料で使えたりする方法もあります。

例えば、高齢化に伴う高齢者の見守りサービスを月額定額で提供するのであれば、利用者である高齢者自身に払ってもらうのではなく、高齢者の親族に払ってもらうビジネスもありえます。

2 起業アイデア2・0「マーケットイン発想法」

ライフスタイルの変化時に有効な発想法

マーケットイン発想法は、市場・顧客が抱える悩みや欲求から発想する方法です。顧客のニーズの有無を優先して、それを解決する商品・サービスを開発する考え方で、マーケットありきの発想です。

課題の存在から発想するので、ビジネスに繋がりやすい面がある一方、競合他社も同様に課題を解決しようと考えるため、競合が出やすい方法になります。

ただし、いち早く課題の解決に取り組んだり、誰も気付いていない課題を見つけたりした場合はチャンスになります。したがって、法整備により規制緩和がされたり、新たな技術などが広がってライフスタイルが変化したりする場合に有効な手段になります。

マーケットイン発想法での起業アイデアの作り方

マーケットイン発想法による5つの要素を決める順番は次の通りです。ただし、「誰の」「何を」は考えやすい方から考えてOKです。顧客を決めて、その顧客が抱える課題を考えても良いですし、課題を考えて、その課題を抱える顧客を決めても構いません。以下では課題→顧客で考えます。

①課題（何を）を考える

最初に世の中の課題を考えます。

課題はある人の悩みや欲求になります。悩みや欲求は、規制緩和や新技術の開発によるライフスタイルの変化や、世の中の出来事に対する価値観の変化があった時に、出現しやすくなります。ですので、このような出来事に注目すると発想しやすくなります。また、課題を見つけるやり方として、ある場面を時間軸で分解して時間の経過とともに感情の変化を可視化する方法も有効です。感情が伴う場面に課題が潜んでいるからです。

例として、朝起きてからの感情の変化を記した図を示します。

この図では、朝起きて通勤中に感情がマイナスになる場面があります。これが「電車での移動中に新規プロジェクトを提案した先からの電話があったが、その電話に出られなかったために、補足説明をできるチャンスを失い、そのプロジェクトを逃した」という出来事だったとしましょう。通勤中に電話に出られなかったことが悔やまれます。この場合、通勤中（電車乗車中）に電話ができないことが悩みであり、解決したい課題になります。

このように、ある場面でどのような感情の変化があるかを見える化することで課題を見つけやすくなります。

②課題を抱える顧客（誰の）を考える

課題が決まったら、その課題を抱える顧客を考えます。

朝起きてからの感情の変化

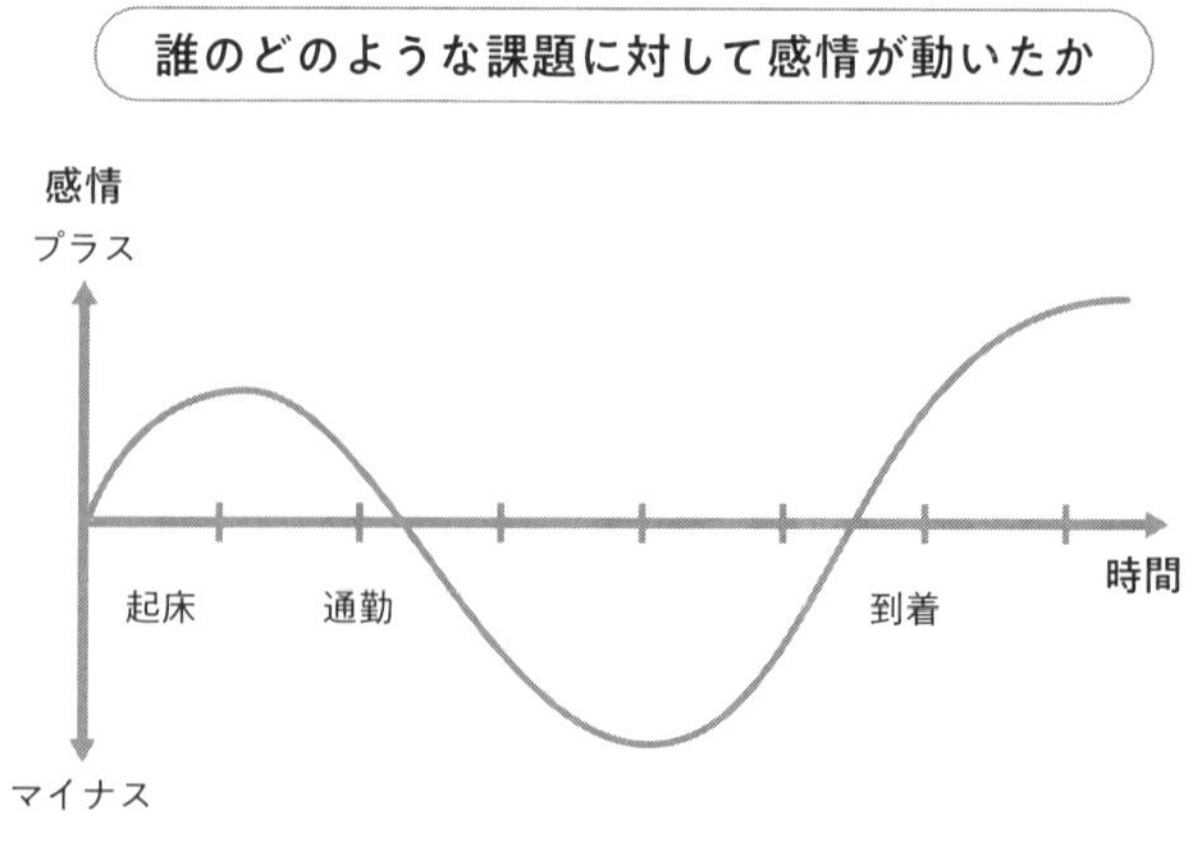

課題があなた自身の経験によるものであれば「あなた」に、課題の場面を想像した人物がいればその人になります。場面を考える時は必ず、「誰か」をイメージして考えることになりますので、その人が顧客となります。先ほどの電車での移動中の例であれば、取引先との折衝の機会があるビジネスパーソンになります。

③解決策（何で）を考える

課題が決まったら、解決策を考えます。

課題に対する解決策が1つであることはありません。例えば、先ほどの移動中の電話の例でも、移動中に連絡が取れる方法であれば、メールでも良いですし、通話ができるように声が漏れないようにしたマスク型のイヤホンマイクでも良いですし、小声でも音を拾えるイヤホンマイクでも良いですし、骨伝導を使っても良いですし、車内のルールを電話ＯＫにするでも良いです。

このように解決策がたくさんある中で、「ベストな解決策は何か」を考えることが重要になります。これを考えることが、競合が出てきた時の優位性に繋がります。

④提供方法（どのように）を考える

解決策の届け方を考えます。

課題によっては「提供方法（どのように）」が重要な場合もありますので、解決策と提供方法は一緒に考えるのが良いです。

例えば、ECサイトのアマゾンは翌日配送（場所によっては当日配送）によってこれまでのECショップを大きく変えました。もちろん品揃えもそうですが、すぐに受け取れることがアマゾンの1つの大きな価値になっています。他にも、1クリックで注文できるなどの手軽さもそうです。

最近の傾向としては「簡単に買える、注文できる」が価値になります。スマホアプリで簡単に株が買えたり、保険契約ができたりするサービスが増えています。

⑤収益化（誰から）を考える

「誰にお金を払ってもらうか」「どのようにお金を払ってもらうか」を考えます。

復習になりますが、「誰にお金を払ってもらうか」は必ずしも利用者とは限らず、利用者の身近な人や利用者の情報を求める企業、利用者に宣伝したい広告主などが考えられます。また、「どのように払ってもらうか」は、売り切りだけでなく、月額定額やフリーミアム（基本的なサービスは無料で、高度な機能は有料）、成果報酬型などさまざまになります。ビジネスにあった支払い方法を検討しましょう。

3 起業アイデア3・0「コンペティターシフト発想法」①コンペティターシフト発想法の基本

競合がいる市場で有効な発想法

コンペティターシフト発想法は、競合他社（コンペティター）の商品・サービスの一部を変化（シフト）させることで発想する方法です。起業アイデア1・0の「プロダクト」や起業アイデア2・0の「マーケット」からでなく、競合他社（コンペティター）ありきの発想法です。

今日のようなさまざまな独自の商品やサービスが生まれていく世の中においては、自分自身が考えたアイデアがまったく新しいものだと思っていても、国内外を探せばほぼ間違いなくあることが多いです。

そのため起業アイデアを考えるスタートの段階から、既に存在する競合他社の商品・サービスを意識して発想することで、競合とは違う新しい起業アイデアを閃きやすくなります。

ライバルがひしめくような既存市場でも、競合との違いを明確にしてビジネスにできる可能性を見出す場合に有効な手段になります。また、競合他社から発想するので、まったく何もない状態から発想するよりも発想しやすい点もメリットです。

❯コンペティターシフト発想法での起業アイデアの作り方

コンペティターシフト発想法による起業アイデアの5つの要素の発想法は、5つの要素のどこからでも発想できる方法になります。

プロダクトアウト発想法のようにプロダクトから（「何で」「どのように」）や、マーケットイン発想法のようにマーケットから（「誰の」「何を」）という順番がないということです。

4 起業アイデア3・0「コンペティターシフト発想法」②下準備としての競合分析

競合他社の商品やサービスを5つの要素で分析してみる

コンペティターシフト発想法をするための準備として、競合他社の商品やサービスを「誰の（顧客）」「何を（顧客の課題）」「何で（課題の解決策）」「どのように（解決策の提供方法）」「誰から（収益化の方法）」に分解する必要があります。

そのために、「発想の素（もと）となる対象を決める」「対象を分解する」の2つのステップを説明します。

①発想の素となる対象を決める

発想の素となる競合他社の商品・サービスを選びます。

選ぶ対象は何でも構いません。競合他社としていますが、競合という言葉を意識する必要はありません。世の中にあるすべての商品やサービスが競合他社だと思ってください。

あなたが何となくやりたいことがあるとすれば、それに関連する商品・サービスを選んでください。

逆に、何もなくてこれから考える人は、自分自身が興味のある分野を考えてみてください。興味のある分野を想像したり書き出したりして、それに関連する商品やサービスを選びます。

また、自分が日常生活や仕事でよく使う商品・サービスなどでも良いです。日常生活や仕事から見つける場合は、時間や場面で区切ることで見つけやすくなります。例えば、「13～14時は何をしているか」「仕事から帰ってきた後は何をして時間を過ごしているか」というように考えると見つけやすくなります。

②5つの要素を考える

対象となる競合他社の商品・サービスが決まったら、次は5つの要素を考えます。

5つの要素は、難しく考える必要はありません。また、正確性を求める必要もありません。最初の起業アイデアはその後のアイデアの検証フェーズ（第3章や第4章）でもブラッシュアップしていくので、現時点で考えられる程度の内容で大丈夫です。

正確性が必要ないという点について少し補足しますと、世の中に出ている商品・サービスはそれを提供する企業側が当然にターゲットなどを明確に設定して提供していますが、これは企業側の理屈であって消費者側には一切関係がありません。むしろ、消費者がその商品・サービスをどう捉えるか次第です。いくら企業側が30代女性向けに商品を作って販売したとしても、実は買われている層が50代男性であったら、その商品は50代男性向けの商品になります。ですので、（企業側が狙っている）正確性を求

起業アイデアの5つの要素

誰の（顧客）	何を（課題）	何で（解決策）
		どのように（提供方法）
誰から（収益化）		

める必要はなく、あなたが感じるままに（消費者目線で）5つの要素を決めていけば良いのです。

メルカリの分析例

実際に、メルカリの例で考えてみましょう。

・誰の

メルカリのメイン顧客は「20代、30代の女性」になります。根拠としてはネット検索でメルカリのターゲット層を検索すれば出てきますし、検索しなくても若い女性タレントを起用してCMをしていることから、若い女性をターゲットとしていると推測できます。

・何を

顧客が抱える悩みや欲求は、「手間なく簡単に、不要なものを処分したい」、また「安く購入したい」となります。ポイントは「手間なく簡単に」です。

メルカリのサービスが始まる前にも不用品を処分する中古品取り扱いショップはありましたし、ネットでも中古品を売買するサービスがありました。

しかし、これまでのサービスは「手軽に、簡単に」という顧客のニーズを解決できていませんでした。

・何で

メルカリは、不要なものを処分したい人と、中古でも安く買いたい人を結ぶプラットフォームを構築して、顧客の課題を解決しています。

・どのように

メルカリは、サービスを利用しやすくするために、出品や購入が容易にできるシステムを構築したり、万が一のときのために代金補償や出品者が購入者に個人情報を知られない匿名配送ができるようにしたりしています。

・誰から

収益のメインとなるお金は、出品者から、販売代金の10％を手数料として受け取っています。例えば出品したものが1万円で売れた場合は、10％の１０００円を出品者からもらう仕組みになっています。

発想の素となる対象を決め、その対象を5つの要素に分解できたでしょうか？
できましたら次ページ以降で、各要素を変更する方法を説明していきます。

メルカリの例

誰の（顧客）	何を（課題）	何で（解決策）
20代、30代の女性がメインターゲット	手間なく簡単に、不要なものを処分したい 手間なく簡単に、安く購入したい 安心して売買したい	不要な物を処分したい人と中古でも安く購入したい人を結ぶプラットフォーム **どのように（提供方法）** アプリで簡単に購入できる、また出品できる仕組みを構築 また、代金補償や匿名配送の仕組みを構築
誰から（収益化） 出品者から、販売代金の10％の手数料を受け取る		

5 起業アイデア3・0「コンペティターシフト発想法」③「誰の」をシフトする場合

「誰の」から起業アイデアを発想する

先ほど分析した競合他社の5つの要素から、「誰の」をシフトして、新しい起業アイデアを考えてみましょう。

「誰の」とは、商品・サービスを利用する顧客（ターゲット）になります。ターゲットは何かしらの悩みや欲求を持っています。その悩みや欲求を解決することで、あなたが喜ばせたい、ハッピーにしたい人がターゲットになります。

コンペティターシフト発想法で「誰の」から発想する起業アイデアのわかりやすい例が、既にある商品・サービスを他のエリアに住む人に展開するビジネスです。「海外のサービスを国内に持ってくる（ターゲット顧客を海外の人から国内の人にシフトする）」「東京で売れている商品を地方に展開する（あるエリアから別のエリアにターゲットをシフトする）」などです。

❯「誰の」をシフトして起業アイデアを考える手順

「誰の」をシフトして、新しい起業アイデアを考える手順は、以下の通りとなります。

①「誰の」を変える

問題は、どの顧客に入れ替えるか、です。

例えば先ほどのメルカリの例であれば「20代、30代の女性」としていましたが、それを

起業アイデアの「誰の」をシフトする

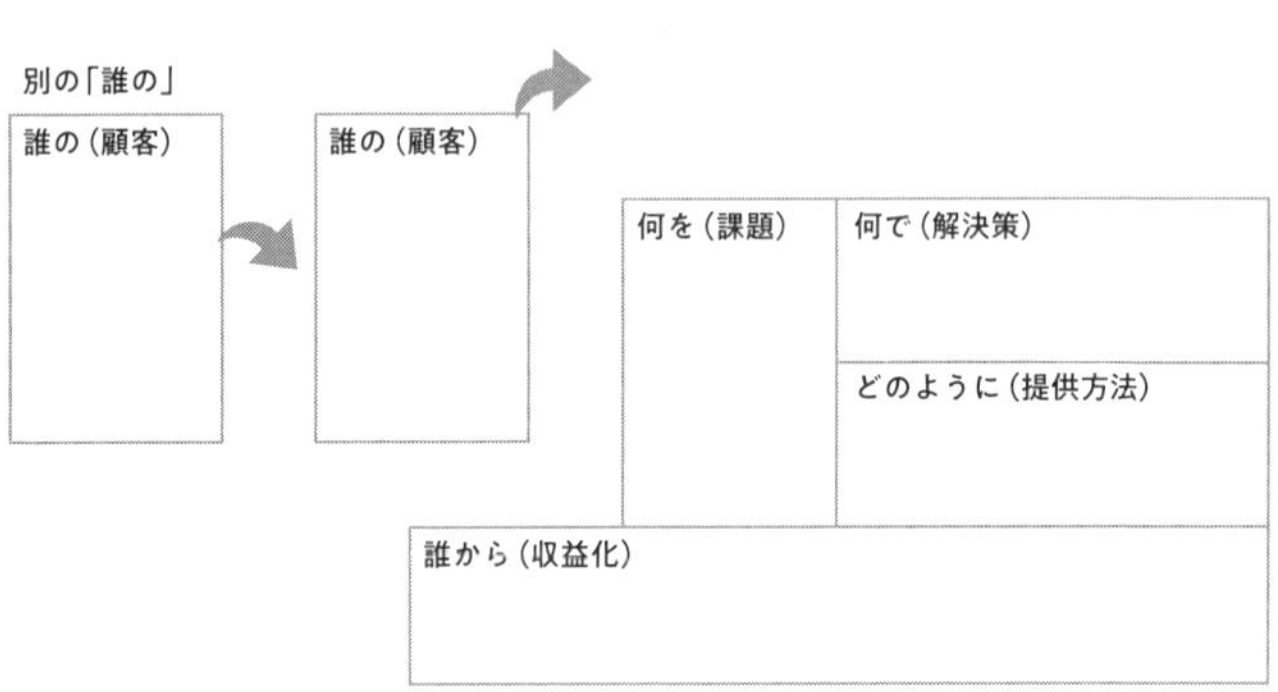

誰に変更するか?

変更する「誰の」を見つけるアプローチは2つあります。

1つは、「何で(解決策)」が提供する価値を考えて、「その価値を求める人は誰か」と考えて「誰の」を決めるアプローチです。ポイントは、「プロダクトの価値が何か」を明確にすることです。プロダクトのままだと新たな顧客を見つけにくいですが、価値を明確にすることによって、「その価値を感じる人は誰か」と具体的に考えられるようになります。

もう1つは、「誰の」を適当に変えて、新たな「誰の」がその解決策についてどのような価値を感じるかを考えるアプローチです。顧客は適当に選んであてはめます。ランダムに選んでも良いし、もともとの顧客とは真逆の人物を選んでも良いです。また、身近な人をあてはめても良いでしょう。次のような切り口も参考になると思います。

・住んでいる場所(海外⇕国内、都会⇕地方、マンション⇕一軒家、賃貸⇕持ち家など)
・属性(男性、女性、幼児、学生、会社員、自営業、若者、高齢者、LGBT、独身、世帯持ち、子供がいる夫婦など)
・年代(10代、20代、30代、……、90代、60歳以上、18歳未満など)
・年収(300万未満、500万、800万以上、1000万以上、1500万以上など)

新たな顧客をあてはめたら、先ほどと同様にプロダクトの価値を考えます。そして、変更した顧客が、そのプロダクトの価値を受け入れられるかどうかを想像します。もし受け入れられそうであれば、「誰の」のシフト（変更）は達成です。

②他の要素を変える

「誰の」がシフトできたら、他の要素との整合性を取ります。

特に他の要素を変更しなくても問題がなければ特に何かを変更する必要はありません。変更するかどうかは、整合性が取れているかどうかで判断します。単純にターゲットが変わっただけで成り立つもの、例えば、あるエリアで展開しているサービスを別のエリアで展開する場合は、そのままでも整合性が取れています。

一方で、ターゲットが変わったことによって整合性が取れない場合があります。

例えば、メルカリの例でターゲットを若者から高齢者に変更したら、「どのように（提供方法）」はネットやアプリではなく、アナログな方法の方が良い可能性が高まります。Amazon Goのようにリアル店舗での展開が可能性としてあるかもしれません。

このように、「誰の」を変えたら、他の4つの要素の整合性が取れるかどうか、を考えて起業アイデアを完成させます。

6 起業アイデア3・0「コンペティターシフト発想法」④「誰の」をシフトした例

Airbnbの「誰の」をシフトする

Airbnbは民泊で成功した会社です。

Airbnbは自宅のスペースを宿泊用として貸しても良い提供者と、宿泊先を探している旅行者を繋ぐプラットフォーム事業をやっています。宿泊先がある地域はもちろんのこと、宿泊ホテルが近くにない地域でも、一般の人が自宅を提供することで旅行者が宿泊できるようになるサービスです。

この「誰の（顧客）」を日本を旅行する人にシフトします。

日本での民泊は2018年6月に法律改正されて、事業ができるようになりました。多くの事業者が民泊に参入していますが、日本で事業をしている民泊事業者は「誰の」を、全米を旅行する人から日本を旅行する人にシフトした例になります。

日本では外国人旅行者の増加に伴い、宿泊施設が不足する事態が懸念されています。そこで民泊のように一般人の家を解放することでこの問題を解決する動きになり、民泊が解禁されました。

きざみ海苔バサミの「誰の」をシフトする

ハガキなどの個人情報を「消す」ために使われるシュレッダーバサミをご存知でしょうか？　1回切るごとに5枚刃で5つに裁断できる便利グッズです。

実は、この商品はシュレッダー用として生まれた商品ではありませんでした。もともとは「きざみ海苔バサミ」として開発された、名前の通り、海苔をきざむ時に使われる

Airbnbの「誰の」をシフトする

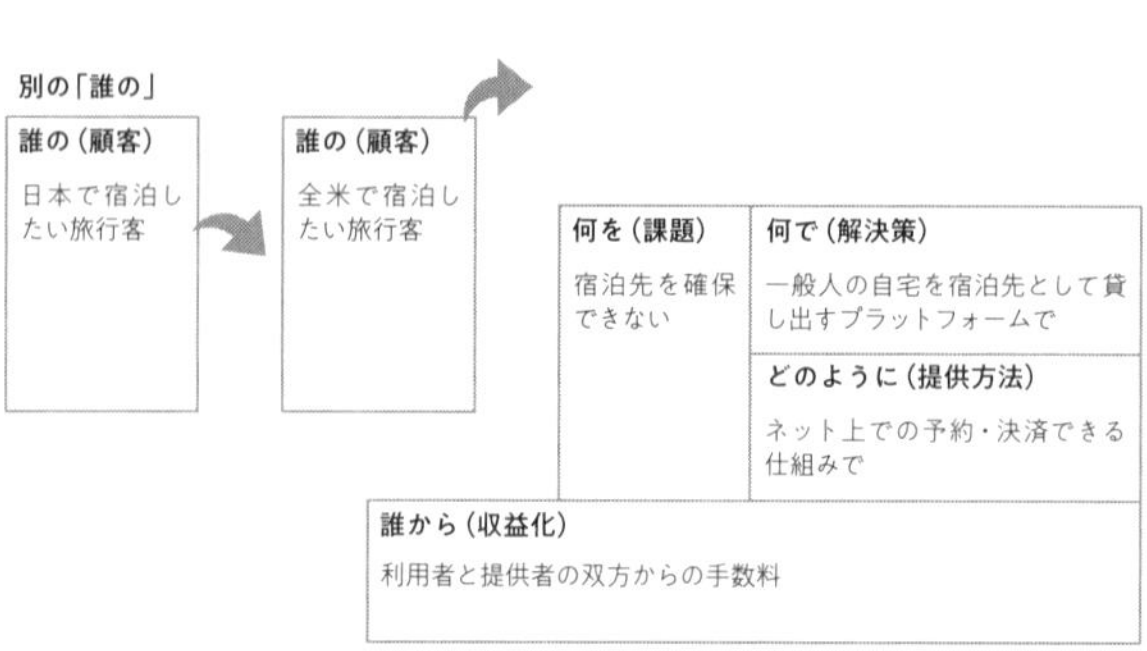

ものでした。

このハサミの特徴（価値）は「1回で細かく切れること」です。ではこの機能が活躍できる場面を考えてみましょう。簡単にものを細かくする用途を考えた場合、シュレッダーが考えられます。個人情報を保護するためにハガキ等の宛名を「消す」ことに使えそうです。そこでターゲットを、料理をする人から個人情報を消したい人にシフトしたものが、シュレッダーバサミというわけです。

さらに、これを深掘りすると、別のアイデアも思いつきます。

この5枚刃の価値は「等間隔に切れること」にも価値があります。その機能をパワーアップさせて、刃と刃の間隔を自由に設定できるハサミ（例えば、1㎜単位で調整できる）にするとします。そうすると、ちくわやナルトを等間隔で一度に切れる調理器具としても活用できるようになります。

きざみ海苔バサミの「誰の」をシフトする

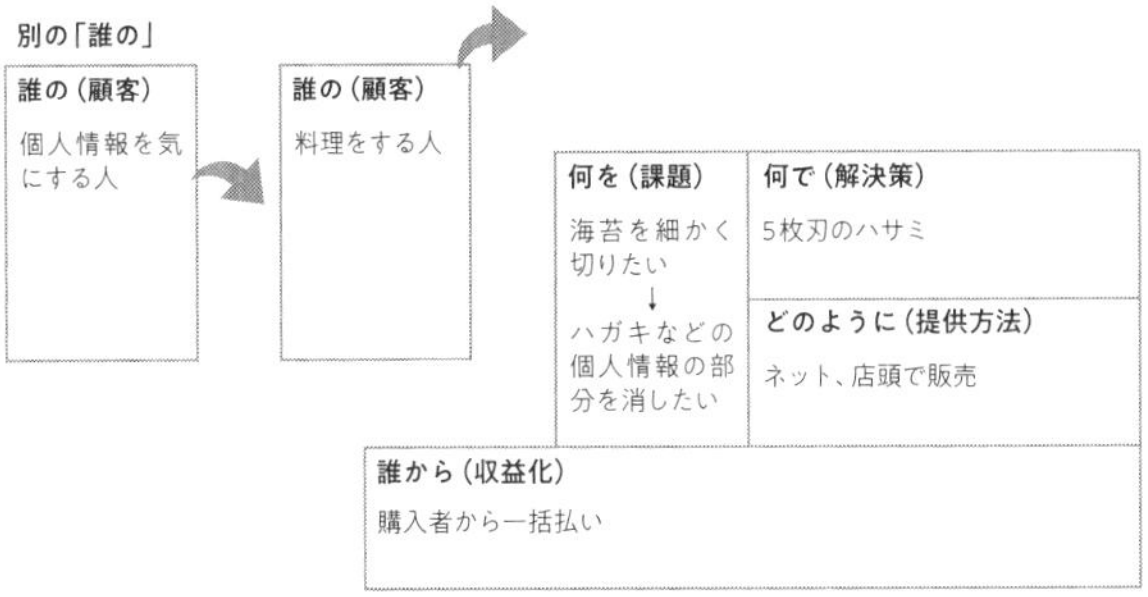

7

起業アイデア3.0「コンペティターシフト発想法」⑤「何を」をシフトする場合

「何を」から起業アイデアを発想する

コンペティターシフトによる「何を」からの発想は、既存の商品・サービスを利用するターゲットの課題を再度検討して変更する（もしくは重要度を変える）方法です。ターゲットが抱える課題には、「悩みの解消（マイナスをなくす）」と「欲求の解決（プラスを加える）」の両方が考えられます。

例えば、遠くの人と連絡を取りたいという課題については電話がありますが、「いつでも連絡を取りたい」となればメールになります。「いつでも早く連絡を取りたい」となればプッシュ通知機能のメールになったりします。課題を深掘りすることで新しいアイデアとなりますので、課題を追求していくことが重要です。

また、さまざまな商品・サービスは複合的にターゲットの課題を解決しています。

例えば、タクシーの場合は「移動したい」という本質的な課題はもちろんですが、ただ移動できれば良いのではなく、他の課題も含めて解決策を求めています。料金をとにかく安く済ませたいお客様もいれば、料金は気にしないので快適に目的地まで着きたいお客様、とにかく早く目的地に着ければ金額や快適さは求めないお客様もいます。

これらの課題のどこを一番重視するかでも、新しいビジネスに生まれ変わります。

「何を」をシフトして起業アイデアを考える手順

「何を」をシフトして新しい起業アイデアを考える

起業アイデアの「何を」をシフトする

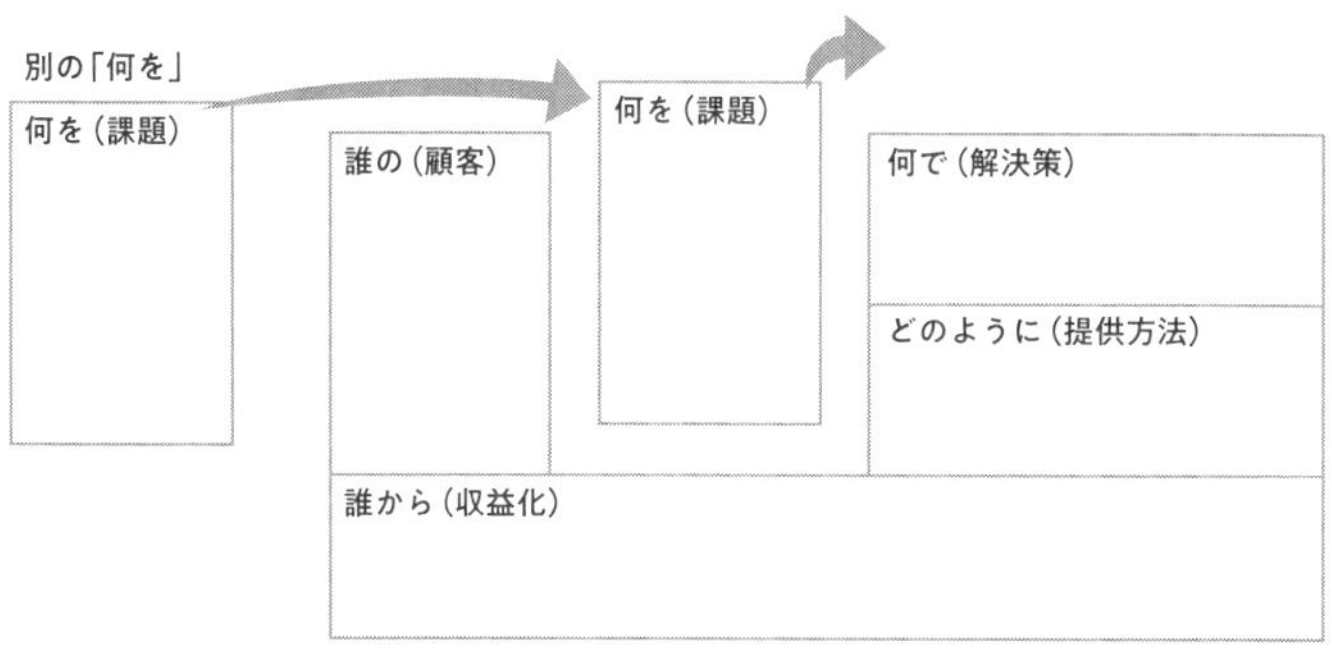

手順は、以下の通りです。

①「何を」を変える

「何を」を変えるアプローチは2つあります。

1つは、新たな課題を探す方法です。

先ほどのタクシーの例では、本質的な課題は「目的地まで移動する」です。ただし、目的地まで移動できなかった時代にはこの課題を解決するだけでよかったですが、現在は移動手段がたくさんあるため、他の課題と併せて解決する策を考える必要があります。よって、他の課題もないかを考えることが大事になります。

タクシーの例では、「安く行きたい」「快適に行きたい」「早く行きたい」を挙げていますが、新たに「安全に行きたい」という課題を発見することで、新しい起業アイデアを生むことができるようになります。なお、「安全に行きたい」とは「事故を起こさないかどうか」という安全ではなく、「高齢者や障害者が乗っても安心・安全」という意味で使っています。

他にも「楽さ」という課題を発見することもできます。都心ではあまりないかもしれませんが、地方に行くとタクシーがなかなか捕まらないことがあります。そこで（Uberのように）配車を楽にできるようにすることも考えられます。

新たな課題を探す

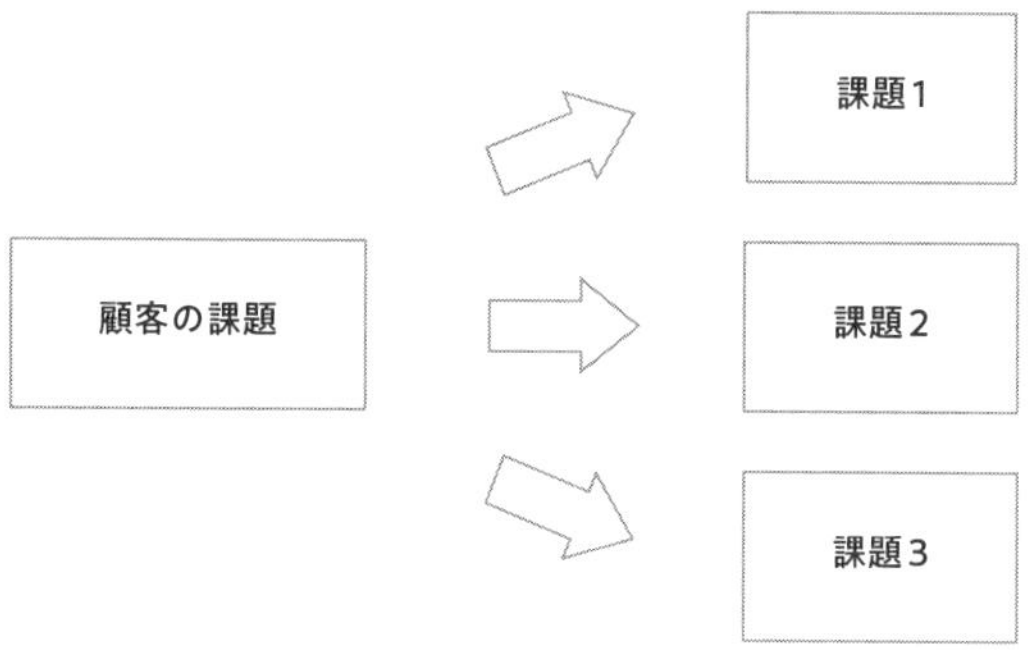

優先順位を変える

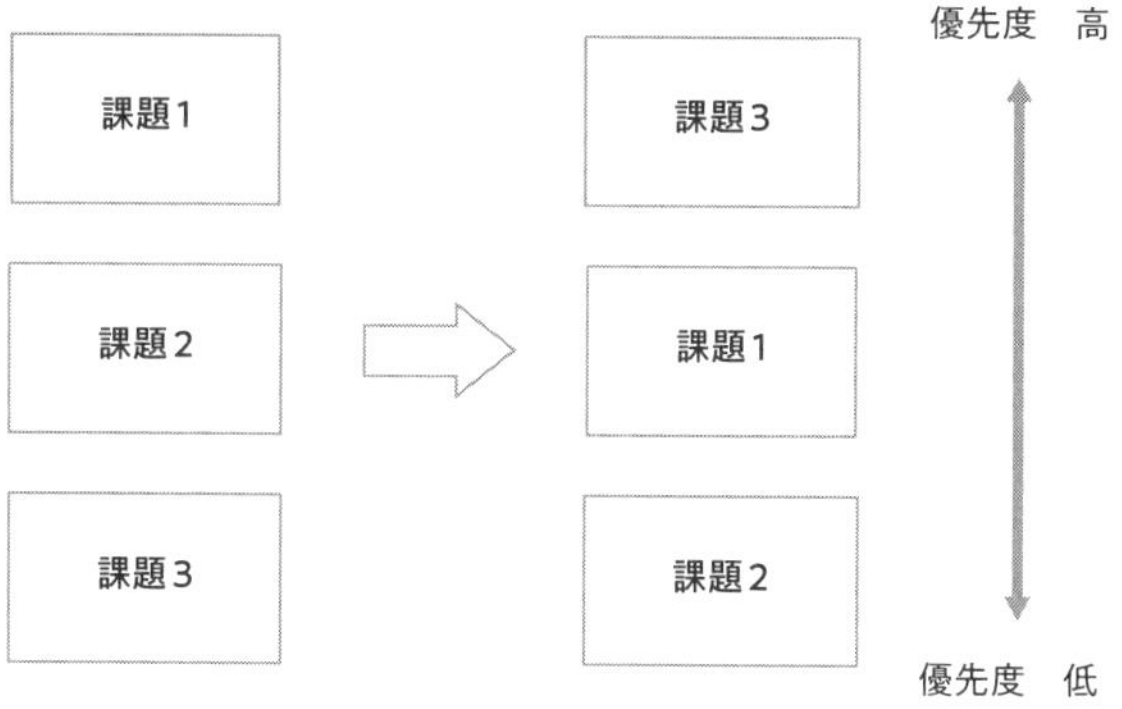

もう1つは、優先順位を変える方法です。

先ほどと同様に、タクシーは「移動したい」「安く行きたい」「快適に行きたい」「早く行きたい」「安全に行きたい」「楽さ」という課題を解決できることがわかります。これらの課題の優先順位を変えることで新たな起業アイデアになります。

例えば、「安く行ける」を優先すれば、車両代金が安い車両を揃えて、ドライバーも給料の高いプロ運転手ではなく給料が安い一般的なドライバーを使うことが考えられます。一方で、「快適に行ける」を重視したビジネスにする場合は、乗り心地の良い高級車や、丁寧な運転ができるドライバーを揃えることなどが必要となります。

②他の要素を変える

「何を」がシフトできたら、他の要素との整合性を取ります。

「何を（課題）」が変わると、多くの場合、ターゲットや解決策が変わります。

例えば、「快適さ」を重視したタクシーであれば、ターゲットはお金のない社会人や学生ではなくて、生活水準の高いビジネスパーソンやセレブになるでしょう。

「安全面」を重視した場合は、「誰の」は高齢者や障害者が対象となり、それによって解決策である「何で」は、室内空間が広くスロープを完備したワンボックスカーになります。また、「誰から」も、高齢者の移動手段として街中の決まったルートを走るのであれば、距離に関係なく１回あたり定額でのサービスになるかもしれませんし、さらには月額定額になるかもしれません。

このように、「何を」を変えたら、他の４つの要素の整合性を取って、新しい起業アイデアを完成させます。

8

起業アイデア3・0「コンペティターシフト発想法」⑥「何を」をシフトした例

❯カラオケの「何を」をシフトする

近年、都心部で一人カラオケ専門店が増えてきています。

これまでのカラオケボックスは複数の人数で楽しむために、数人以上が入れる部屋で構成されていました。つまり一番の価値は、「みんなで楽しめること」になります。

ただ、カラオケ店に行く理由はさまざまです。

カラオケ店に行く人の課題を改めて考えると「みんなで歌って楽しみたい」だけはありません。「ストレスを解消したい」や「歌がうまくなりたい」なども考えられます。

そして、「ストレスを解消したい」を最上位の課題として捉えると、必ずしもみんなでカラオケに行くことが良いとは限らなくなります。むしろ、一人で好きなタイミングで周りの目を気にせずに思いっきり歌えた方がストレスを解消できるかもしれません。

すなわち、ストレス発散を一番の目的にすると、ターゲットはみんなで楽しみたい人ではなくて、一人でカラオケをしたい人になります。また、複数人で入れる防音設備は不要になり、省スペースの個室で十分になります。

このように、ストレス発散を課題の軸として、ターゲットや提供方法を変えることで一人カラオケのビジネスが生まれたのです。

これは「何を」が変わったことで「誰の」も変わり、提供方法の「どのように」も変わった例になります。同じように考えれば、一人焼肉ビジネスもありますね。

カラオケの「何を」をシフトする

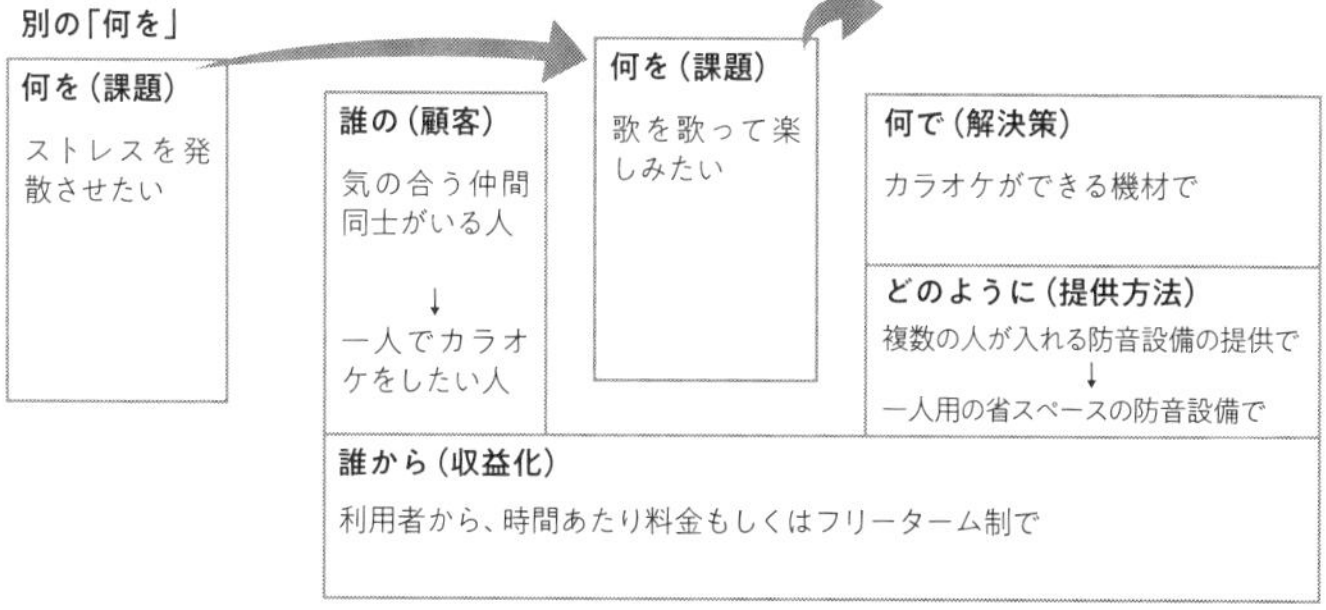

9 起業アイデア3・0「コンペティターシフト発想法」⑦「何で」をシフトする場合

「何で」から起業アイデアを発想する

コンペティターシフトによる「何で」からの発想は、既存の競合の商品・サービスの解決策を再検討して変更する方法です。解決策とは、顧客が悩んでいることや欲求を満足させる手段で、商品やサービス（プロダクト）を指します。

具体的には、顧客（や顧客のニーズ）に合わせて、既存の解決策よりも良い方法を探ることになります。例えば、エコ意識の高い人に対して、これまで紙の箱が使われていたボックスティッシュをビニールの箱（袋）にするとか、商品の各機能をグレードアップするなどが、「何で」をシフトする簡単な例になります。

起業アイデアの「何で」をシフトする

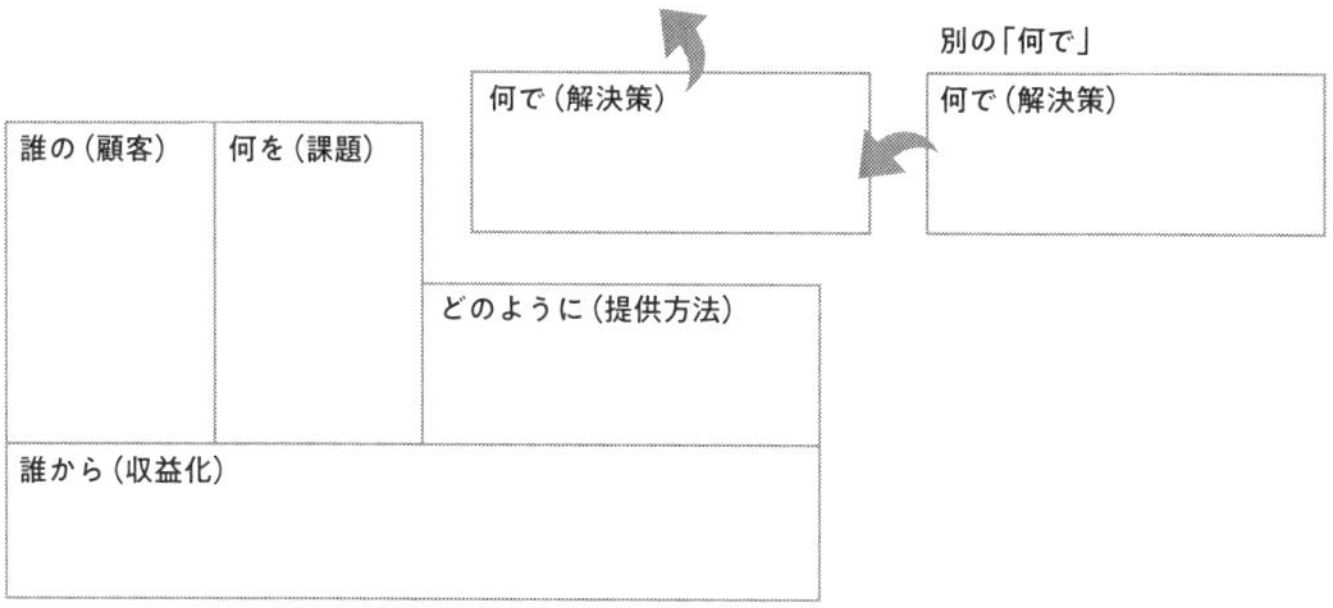

「何で」をシフトして起業アイデアを考える手順

「何で」をシフトして新しい起業アイデアを考える手順は、以下の通りです。

①「何で」を変える

「何で（解決策）」を変える際の一番のポイントは、課題に対して一番良い解決策になっているかを考えることです。

既存の商品・サービスから発想する場合、あなたの考えた起業アイデアが既存の商品・サービスよりも劣っていたら、それをやる意味はありません。ですので、「課題を解決するベストなプロダクトは何か」と考えることが重要になります。

世の中に存在する課題に対して、解決する手段が1つということはほとんどありません。何かしら複数の解決策があります。例えば、「ある場所に行きたい」という欲求に対しては「徒歩」「自転車」「自動車」「電車」「船」「飛行機」などさまざまな手段がありますし、癌の治療についても投薬や外科手術による切除、放射線治療もしくは自然療法（何もしない）など、解決する手段は複数あります。

　これらの手段の中で何が一番良い手段かというのは、顧客（と顧客のニーズ）によって変わってきます。お金がないけど時間がある学生にとっては自転車が一番良い手段になりえますし、全国を飛び回る会社員であればお金よりも時間を優先して飛行機がベストな手段になりえます。

　つまり、課題に対して考えうる複数の手段の中で、顧客にとって何が一番良いのか

顧客にとって何が一番良いのかを考える

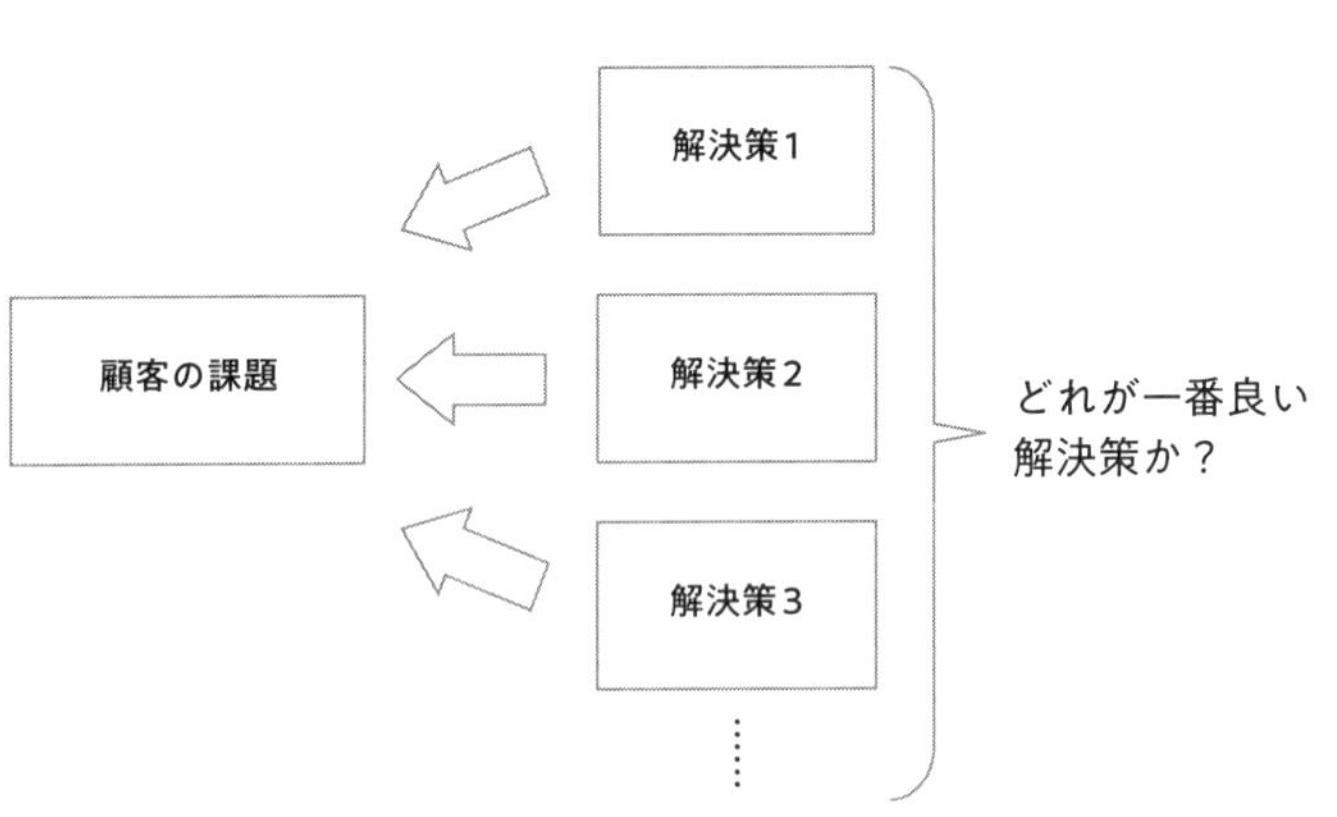

を考えることで「何で」を何に変更すれば良いのかが見えてきます。

②「何で」を細分化する

ベストな方法を見つけやすくするためには、「細分化」するといいでしょう。解決策を、提供する価値ごとに分解し、その要素ごとに「ベストな方法になっているか」を考えると、見つけやすくなります。

なお、ベストな解決策にするためには、要素を変更するのはもちろん、新たな要素を加えたり、時には要素を除いたりすることも有効です。例えば、スマホの場合、「機能の一部である写真機能の画素数を上げる」とか「複雑な機能をなくして電話やメールの機能に絞ったシンプルな携帯にす

「何で」を細分化する

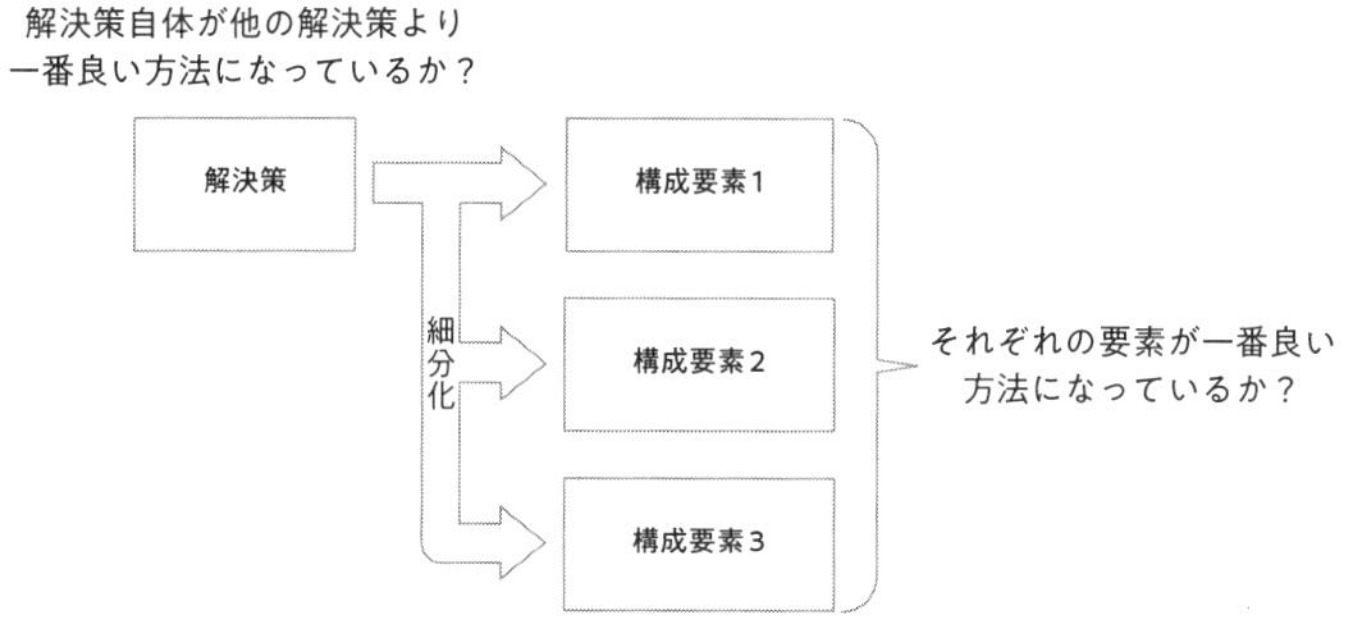

る」といったことです。

③他の要素を変える

「何で」がシフトできたら、他の要素との整合性を取ります。

「何で（解決策）」の変更は、基本的には現状の課題についてより良い解決策を探るやり方となりますので、他の要素を変更しなくても成り立つ場合が多いでしょう。

ただ、提供するプロダクト（解決策）が変わることによって、他の要素もより良い項目が出てくる可能性があるので、しっかり整合性を取って、より良い起業アイデアにしましょう。

例えば、ECサイトのAmazonは多種多様の商品を扱っていますが、工場で使う消耗品に特化したモノタロウはターゲットが変わるのはもちろんのこと、ECサイトの商品の表示方法を変えたりしています。具体的には、工場で使う消耗品は型番や商品群を一覧で見られるようにして商品を選びやすくしています。

10 起業アイデア3・0「コンペティターシフト発想法」⑧「何で」をシフトした例

ECサイトの「何で」をシフトする

Amazonは多種多様な物を購入できる非常に便利なECサイトです。

しかし、すべての商品がAmazonで良いかというとそうではありません。例えば鮮魚については、おまかせセットや加工品は手に入りますが、欲しい魚を必ずしも買えるようにはなっていません。

一方で、株式会社フーディソンが提供する「UOPOCHI（魚ポチ）」というECサイトは鮮魚に特化しているプラットフォームです。つまり、Amazonの「多種多様な商品」から「鮮魚」にシフトした例になります。

鮮魚は消費期限が短いのと、当日に実際に漁獲してみないと種類と量が決まらないため、在庫として確保しておくことが非常に難しい商材になります。そのため、「何で」を鮮魚に変更したことで、Amazonのように商品で一律の管理方法ではなく、鮮魚独自の流通網や受発注システムの構築（「どのように」）が必要となります。

Gセンサーの「何で」をシフトする

ジェネクスト株式会社は道路交通法違反の見える化を実現したベンチャー企業です。

道路交通法違反の見える化とは、ドライブレコーダー等のＧＰＳデータと全国の道路交通法の標識データを突合して、ドライバーがどこでどのような道路交通法違反をしているのかを把握できるよう

ECサイトの「何で」をシフトする

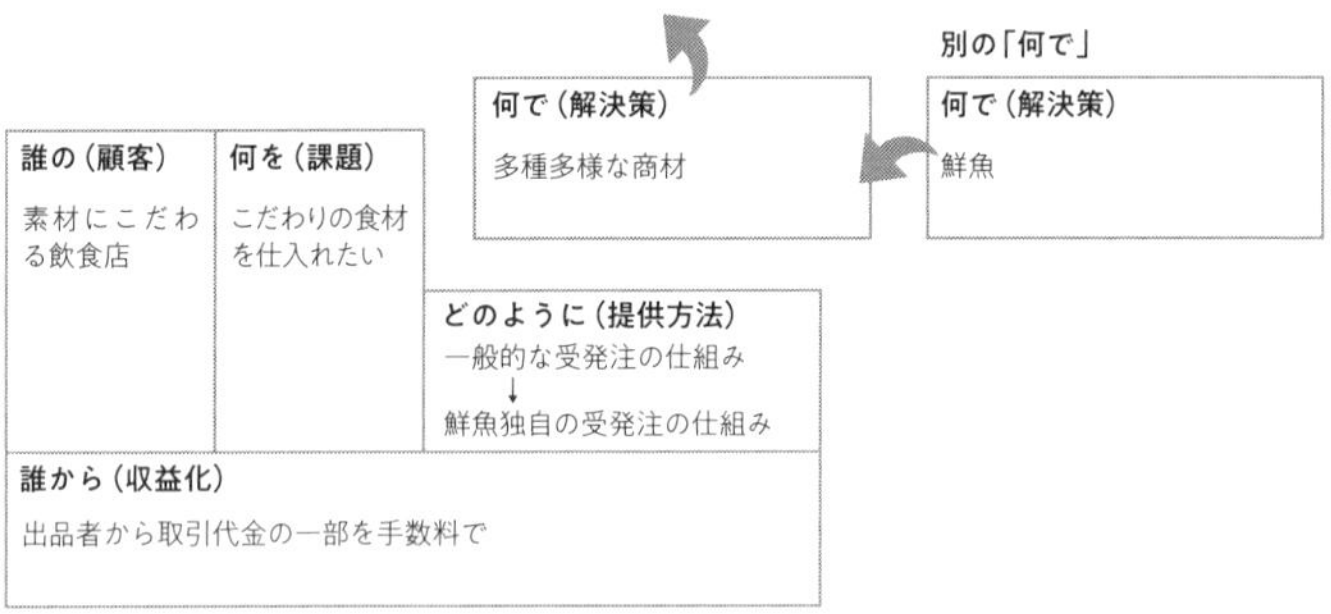

にするサービスです。

　どこでどのような道路交通法違反が発生しているかを見える化することで、スピードの出し過ぎに注意したり、一時停止をしっかりして左右の安全を確認したりするのを促すのが目的です。このサービスを導入したある企業では、従業員の交通事故の減少により保険料が億単位で削減できたという効果も出ています。

　ではこれまでの交通事故削減の解決策はどのようなものだったかと言うと、Gセンサーによる急ブレーキや急発進を把握して「安全運転かどうか」を判断していました。しかし、Gセンサーは「急ブレーキ」や「急発進」は把握できますが、それによって安全運転を促せたり、交通事故が削減できるとは限りません。確かに、急ブレーキをするシーンがあることは安全ではないかもしれませんが、交通

Gセンサーの「何で」をシフトする

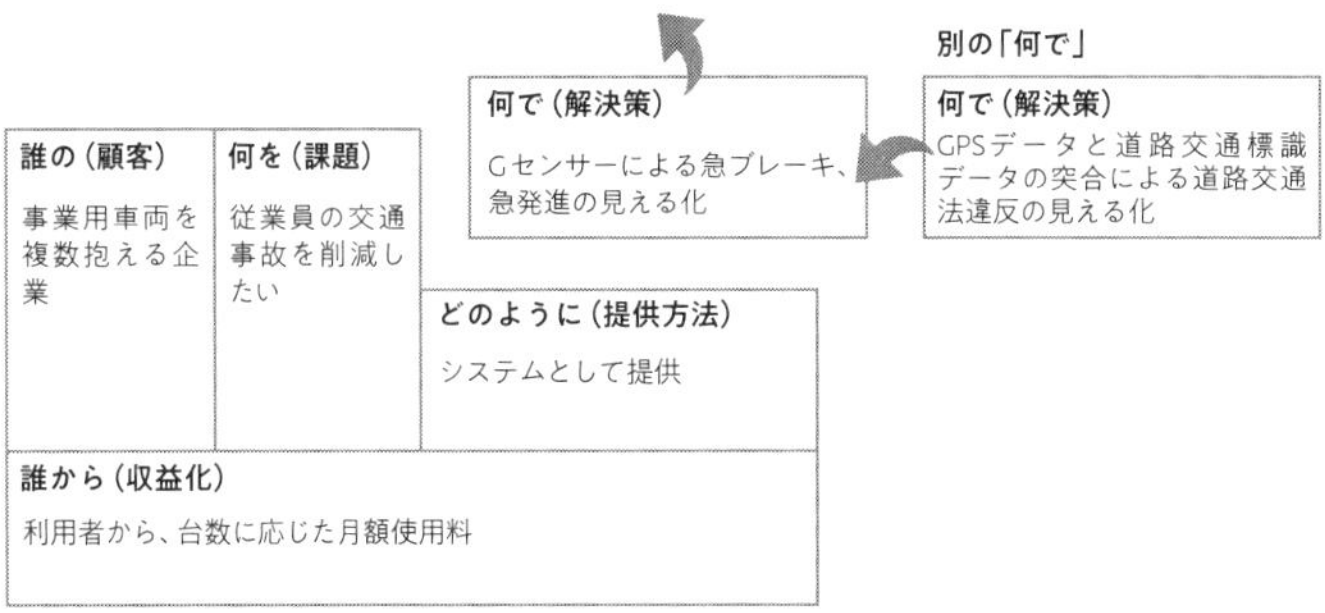

事故を防ぐための急ブレーキはむしろ必要な行為です。ですので、Gセンサーによる交通事故の削減は、限界があるのです。

また、最近は生体センサーを使った解決策も出てきています。眠気に襲われたらアラートがなるといったものが代表的な解決策です。ただし、これも生体センサーに現れないような場合は事故を防げません。

一方で、ジェネクスト株式会社は道路交通法を遵守することで交通事故を削減する解決策です。前提として「ルールを守ることが事故を減らす」という考えに基づいていますが、実際にルールを守ることが事故の削減に繋がったという実績も出ています。

「交通事故削減のためのよりベストな方法はないか」ということを模索した中で道路交通法違反の見える化にたどり着いたのです。

11 起業アイデア3・0「コンペティターシフト発想法」⑨「どのように」をシフトする場合

「どのように」から起業アイデアを発想する

次は「どのように」からの発想方法をご紹介します。

「どのように」とは、解決策を提供する方法です。例えば、「ネット／対面／アプリ」「定期的／不定期」「直接配送／店頭受け取り」などがありますが、これらに限らず、商品・サービスを提供するために構築した仕組みなどもあてはまります。

この発想方法で一番わかりやすい例は、これまで直接販売していた商品・サービスをネットで展開できるようにビジネスを変更するやり方です。最近のビジネスでは、これまでアナログでおこなわれてきた業界独自のやり方をデジタル化する方法で起業しているベンチャーが増え

起業アイデアの「どのように」をシフトする

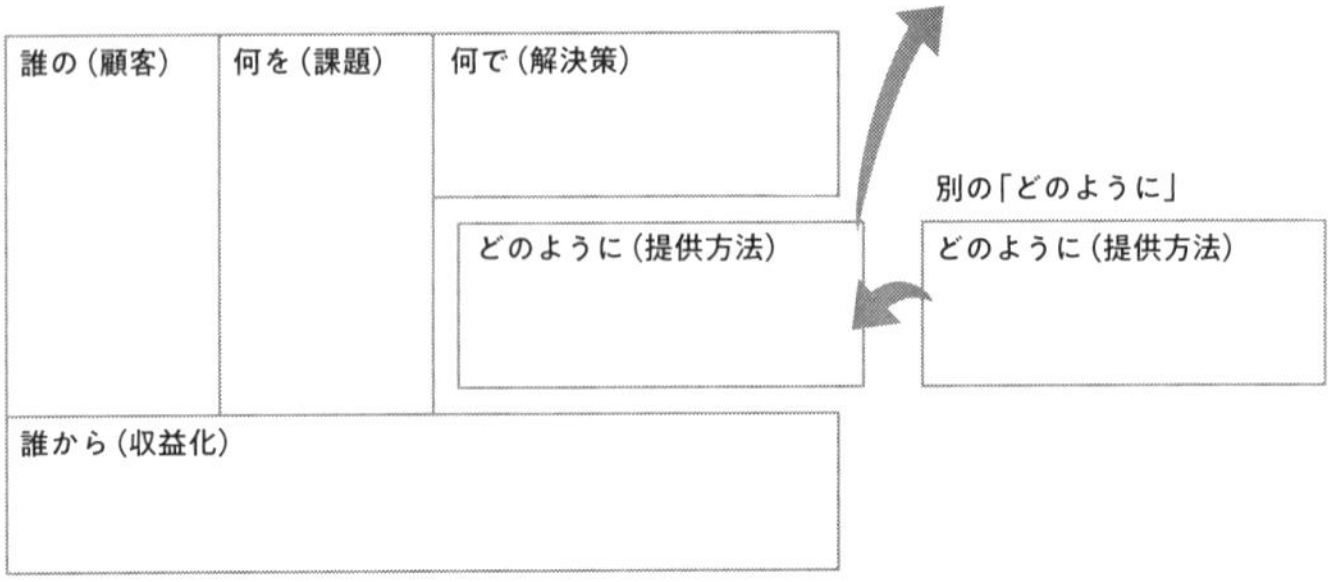

ています。

❯「どのように」をシフトして起業アイデアを考える手順

「どのように」をシフトして新しい起業アイデアを考える手順は、以下の通りです。

①「どのように」を変える

「どのように」を変える際のポイントは、顧客（や顧客のニーズ）に対して一番良い提供方法になっているかを考えることです。

「何で」と同じような話になりますが、提供方法もさまざまなやり方が考えられます。そして、何が一番良い提供方法かは、顧客や顧客のニーズによって変わってきます。例えば、若者であればデジタルの方が良いですが、逆に高齢者であればアナログの方が良い可能性が高くなります。

近年では、テクノロジーの発展で、簡単に安くサービスを提供できるインフラが整ってきたことから、「どのように」を変えることによって生まれた新ビジネスが増えています。例えば、高速の通信インフラが整備されてきたことから、これまでアナログだったものがデジタルに置き換わっていますし、トレーサビリティの仕組みが構築されたことで安心・安全な商品が提供できるようになったりしています。

②「どのように」を細分化する

「誰の」と同様に、ベストな方法を見つけやすくするためには、「どのように」を細分化するといいでしょう。そもそもの提供方法が一番良い方法になっているかを考えたり、細分化した要素ごとにそれぞれが一番良い方法になっているかを考えたりすることがポイントになります。

例えば、安心して取引ができるように代金保証や品質保証を付けたり、家電の大手量販店がおこなっている地域最安値価格で提供したりするのも、顧客が商品の品質以外で悩まされることなく買えるようになる方法です。一方で、懇切丁寧な接客による販売も、提供方法の一種です。

「どのように」を細分化する

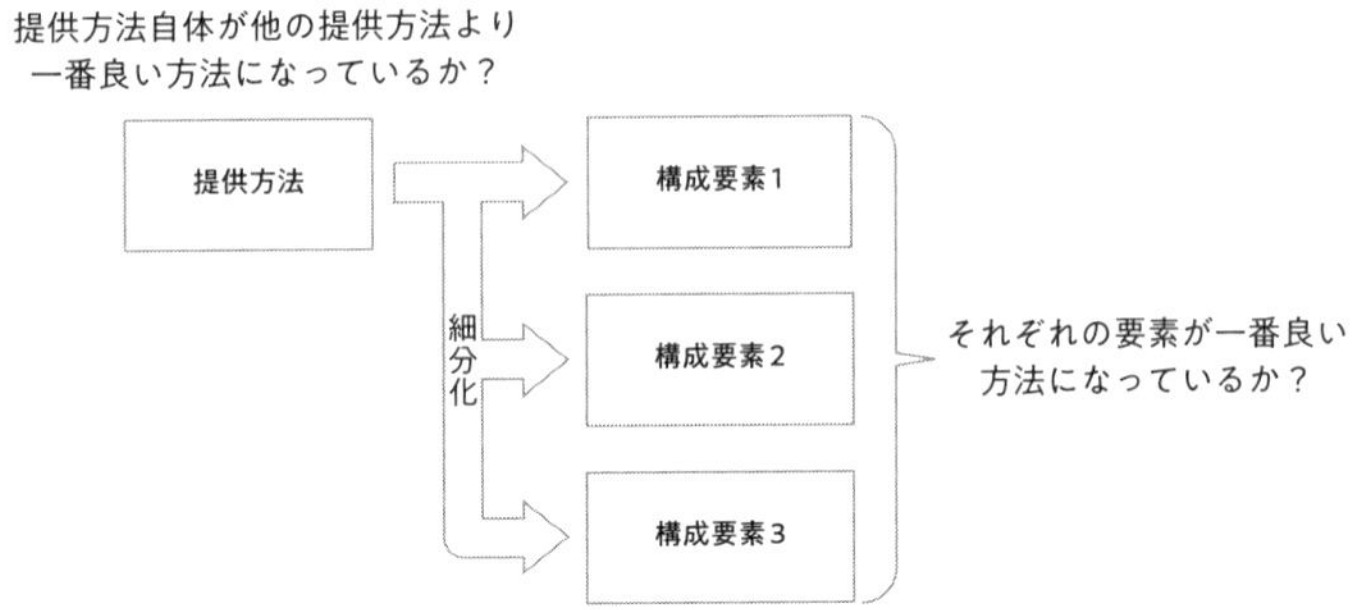

③他の要素を変える

「どのように」がシフトできたら、他の要素との整合性を取ります。

提供方法を変えた場合、他の要素を変更する必要はないことが多いですが、提供方法が変わることで新たな提供価値が生まれて、違う課題を解決できるようになれば、「何を（課題）」や「誰の（顧客）」が変わってきます。

他の要素の整合性を取って新たな起業アイデアにしてください。

12

起業アイデア3・0「コンペティターシフト発想法」⑩「どのように」をシフトした例

フィットネスジムの「どのように」をシフトする

最近24時間フィットネスジムが増えています。都心だけでなく地方都市にも増加しています。

これまでのフィットネスジムは日中のみ営業しており、遅くても深夜0時までというところが一般的でした。この場合のターゲットは、日中時間のある主婦や高齢者だったり、会社帰りのサラリーマンだったりします。

しかし、ライフスタイルの変化でいつでも運動や筋トレができるフィットネスジムが求められるようになってきました。そこで台頭してきたのが24時間フィットネスジムです。

ただ、単純に24時間にすれば良いというわけではありません。既存のフィットネスジムも、可能であれば24時間提供することが顧客にとっては良いに決まっています。ではどうしてやらないのかと言うと、そもそも24時間できることによるニーズがあるのかどうかわからなかった、それほど需要がないと考えていたこともあるにせよ、24時間運営しても事業が成り立つ仕組みができていないからになります。

逆に24時間フィットネスの優れたところは、24時間運営しても採算が取れる仕組みにあると言っても良いです。具体的には、運営事務局がいなくても問題ないような入退室やセキュリティの問題、トレーナーを求めていないターゲットなどです。

このように、ベストな提供方法を考えて、それを実現するために何が必要かを考えることで新たな起業アイデアを作ることができるのです。

フィットネスジムの「どのように」をシフトする

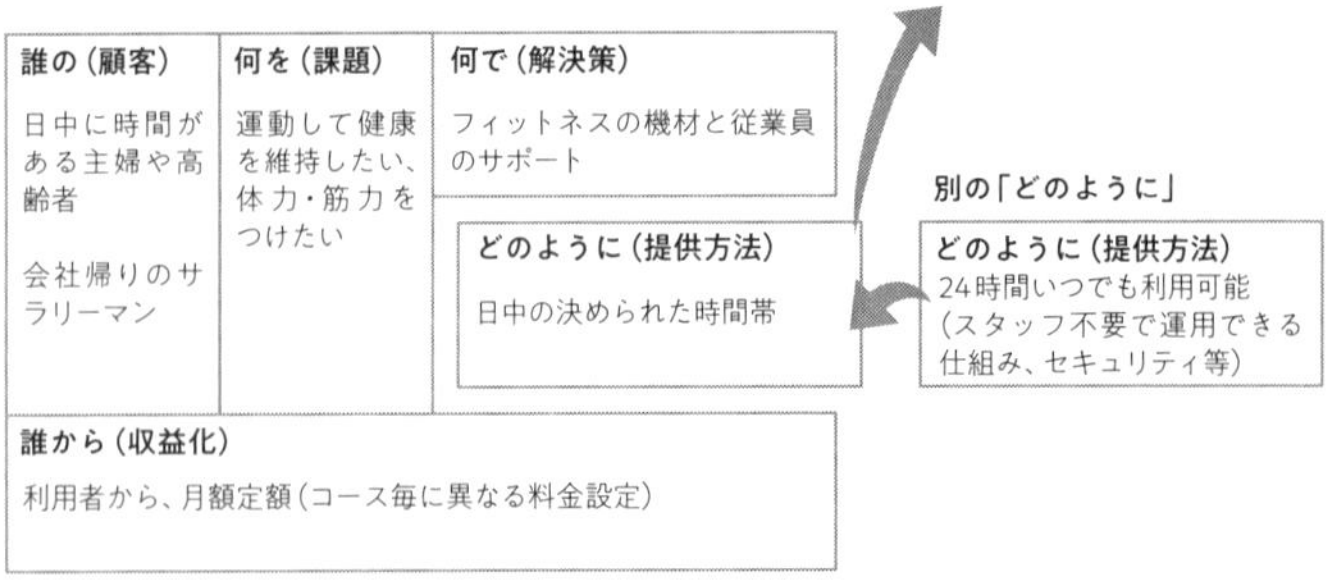

誰の（顧客）
日中に時間がある主婦や高齢者
会社帰りのサラリーマン
何を（課題）
運動して健康を維持したい、体力・筋力をつけたい
何で（解決策）
フィットネスの機材と従業員のサポート
どのように（提供方法）
日中の決められた時間帯
別の「どのように」
どのように（提供方法）
24時間いつでも利用可能（スタッフ不要で運用できる仕組み、セキュリティ等）
誰から（収益化）
利用者から、月額定額（コース毎に異なる料金設定）

Uber Eatsの「どのように」をシフトする

スカイファーム株式会社は、テイクアウトの宅配をおこなうサービスを展開しています。社長はもともと海外経験があり、ベンチマークしていたUber Eats（飲食店のテイクアウトを自宅や会社に届けてくれるサービス）を日本に展開できないかを考え起業しました（そういう意味では「誰の」のシフトにもなりますね）。

Uber Eatsは、飲食店に行かなくても注文・決済できるシステムを構築し、利用者から受けた注文を配達員が現場まで届けるサービスを提供しています。配達員（正式名称は「配達パートナー」）は時間が空いていたり、ちょっと小遣い稼ぎをしたかったりする人が登録しており、配達したい時間に配達できる自由な働き方ができます。配達員の募集要項は「履歴書不要」「髪型・服装自由」「面接なし」「シフトなし」「最低稼働時間なし（配達1回からOK）」となっていますので、どれだけ気軽に配達員になれるかがわかります。

一方のスカイファームは、配達員を会社でちゃんと雇用（アルバイトを含む）したり、信頼できる外部の運送業者と提携したりしています。これにより配達員の質が変わってきます。Uber Eatsの配達員の質が悪いというわけではなく、しっかり雇用することで、テイクアウトをしっかり届けるという品質を保証できるようになるという意味です。

具体的には、配達員を雇用することで配達員の急なトラブル（例えば、配達員が急に体調不良になって配達できない、など）に備えて対応できる体制にしています。

　また、雇用関係にある配達員は身分がはっきりしているため、防犯等のセキュリティがしっかりした会社やオフィスビルに入居する会社でも利用しやすくなっています。

Uber Eatsの「どのように」をシフトする

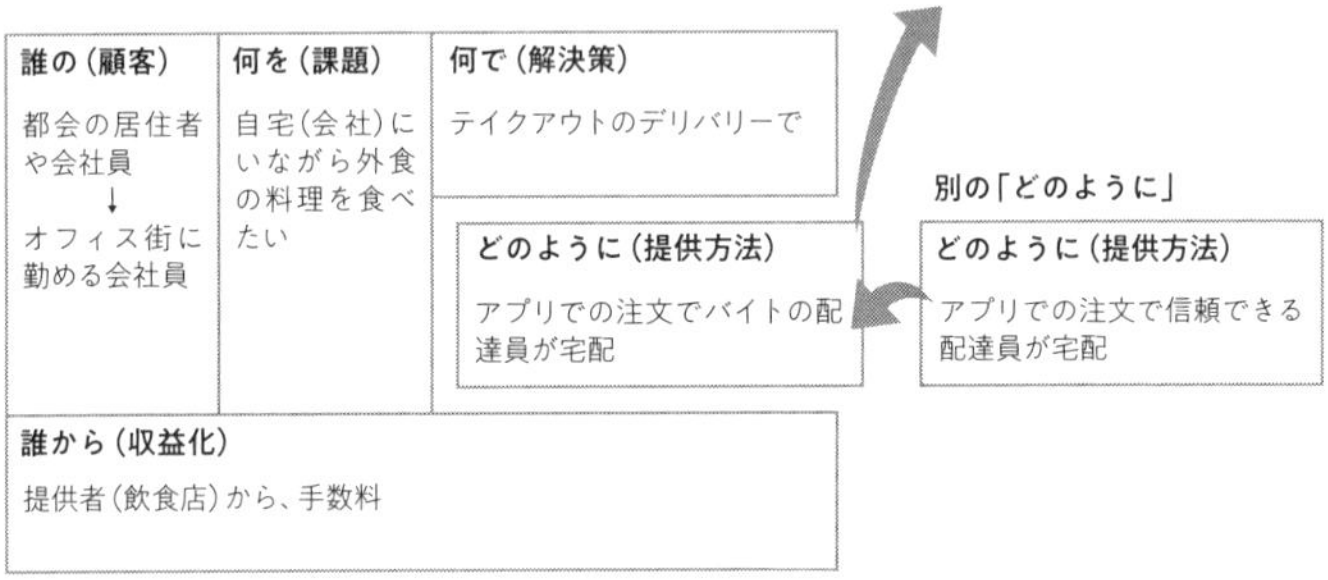
誰の（顧客）
都会の居住者や会社員
↓
オフィス街に勤める会社員
何を（課題）
自宅（会社）にいながら外食の料理を食べたい
何で（解決策）
テイクアウトのデリバリーで
どのように（提供方法）
アプリでの注文でバイトの配達員が宅配
誰から（収益化）
提供者（飲食店）から、手数料
別の「どのように」
どのように（提供方法）
アプリでの注文で信頼できる配達員が宅配

「何で」「どのように」をシフトする際のポイント

「何で」「どのように」をシフトする場合は、既存の競合商品・サービスの解決策がベストな方法になっているかを考えることがポイントになります。先入観を持たずに、「その方法はベストなのか」「もっと良いやり方があるのではないか」と考えることで「何で」「どのように」から発想する起業アイデアが生まれます。

「何を（課題）」から発想する方法と「何で」「どのように」から発想する方法は似ていますが、「何を」からは発想しにくいこともあるため「何で」「どのように」から発想する方法が有効になります。

例えば、Amazonのワンクリック注文（ワンクリックで注文と代金決済が完了する方法）を考えてみると、何度もクリックして注文することが当たり前の状態であると、一般的にはその当たり前に疑問を持つことが難しく、課題を見つけにくくなります。

一方で、「どのような状態がベストか」と考えると、「注文に何度もクリックする必要があるのか？」という疑問からワンクリック注文を発想することができます。

なお、ベストな状態はターゲットによって違ってくるので、ターゲットを意識しながら「どのような状態がベストか」を考えましょう。

13

起業アイデア3・0「コンペティターシフト発想法」⑪「誰から」をシフトする場合

「誰から」から起業アイデアを発想する

最後は、「誰から」からの発想方法をご紹介します。

「誰から」とは、商品・サービスをお金に変える方法（マネタイズ）になります。「誰から」「どのようにお金を払ってもらうか」ということです。つまり、「誰から」を変えるということは、お金を払う人や、お金を払ってもらう方法を変えるということです。

最近では、月額課金（サブスクリプション）で利用者から支払ってもらうマネタイズが流行っています。例えば前述した、定額制の自動車販売は、消費者にとっては一括の負担がなくなっただけでなく、定額で複数の車両を乗ることができるようになりました。また、最近では

起業アイデアの「誰から」をシフトする

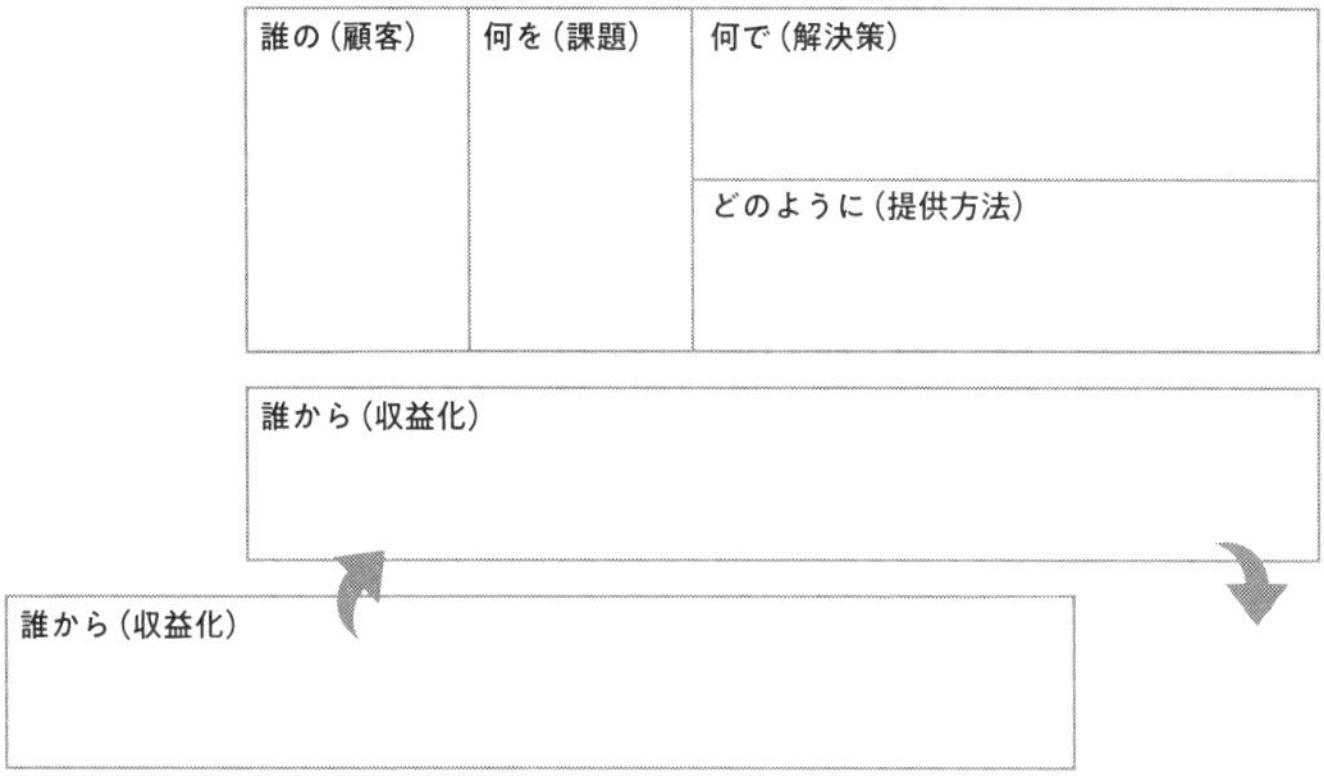

飲食店が定額で食事ができるサブスクリプションモデルを導入する流れも出てきています。

「誰から」をシフトして起業アイデアを考える手順

「誰から」をシフトして新しい起業アイデアを考える手順は、以下の通りです。

①お金を払う人を変える

「誰から」をシフトする際は、「この商品・サービスに価値を感じる人は誰なのか」を洗い出します。

例えば、未成年の子供向けのプレゼント（贈与品）を取り扱うEC専門店があるとすると、普通は両親がお金を払う人ですが、祖父母を対象にしたサービス展開も考えられます。祖父母としては孫の喜ぶ顔が見たいし、金銭的ゆとりがあるので、両親以上に単価の高いプレゼントを注文してくれる可能性もあります。この場合は、（一般的にネットに疎い）祖父母に訴求できるように媒体を変えたり、注文方法を変えたりする必要があります。

また、お金を払う人（誰から）は、基本は利用者になりますが、利用者でも一部の利用者からもらう場合（フリーミアム）や、利用者ではなく身近な人からもらう場合（高齢者の見守りサービスなど）や、まったく別の人からもらう場合（広告主など）があります。

例えば、無料の動画を閲覧できるyoutubeはその代表格です。なぜ、無料で観ることができるのかと言うと、視聴者に広告を観てもらいたい広告主がお金を払っているからです。この場合の広告料は基本は「広告を視聴するごとに○円」というマネタイズです。

②お金を払ってもらう方法を変える

お金の払い方（どのようにお金を払ってもらうか）は、図のように組み合わせで考えます。

「一括・全部」は、モノを購入する通常の取引です。代金を一括で払ったら終わりという通常のスーパーや小売での買い物モデルです。

「一括・一部」「分割・一部」「フリー・なし」「成果・なし」は、頭金を払って残りは分割で払うといったモデルで、車や家の購入などがあてはまります。

「一括・一部」「分割・なし」「フリー・一部」「成果・なし」は、最初は無料で利用して気に入ったら一括で代金を支払うモデルで、一定期間無料で使ってみて気に入ったら買う、気に入らなかったら買わないという購買になります。

「成果・全部」は完全な成果報酬で、ライザップのように結果が出なかったら全額返金などのモデルです。

「成果・一部」「一括・一部」「分割とフリー・なし」の場合は、

マネタイズの方法

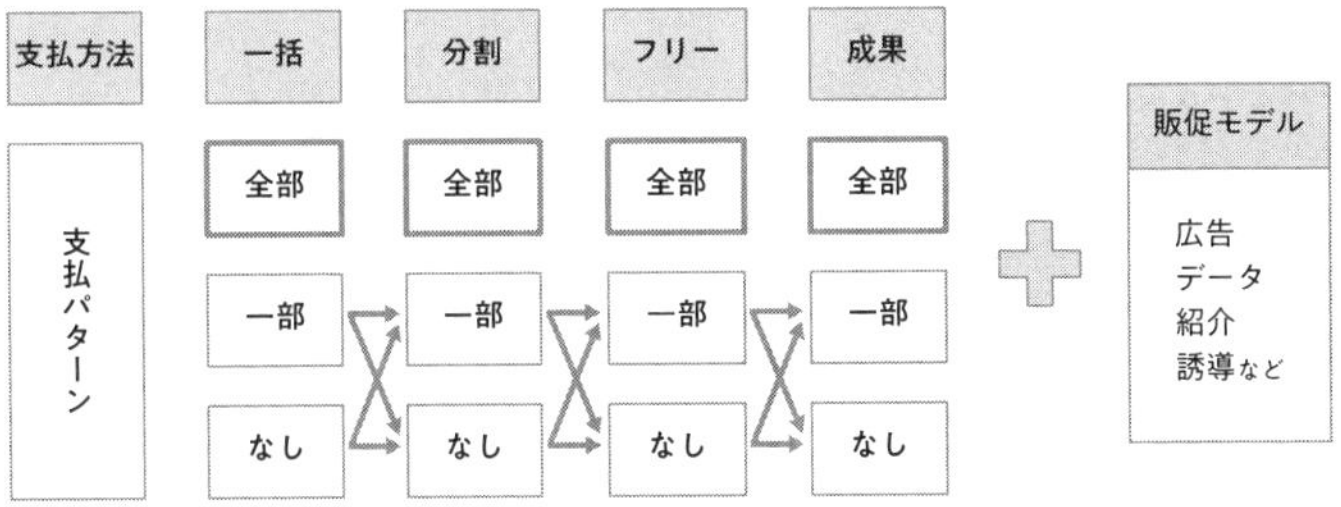

【横軸】
一括：まとまった金額を払う
分割：分割して払う
フリー：代金を払わない（無料）
成果：成果に応じて払う

【縦軸】
全部：横軸の支払い方で全部の代金を払う（無料の場合は全額払わない）
一部：一部のみ横軸の支払い方法で払う
なし：横軸の支払い方法では対応しない

弁護士への依頼など、手付金と成果報酬の料金体系のイメージです。

販促モデルは、抱えている顧客への広告や顧客データの提供、顧客の紹介や誘導によって発生する収益化方法になります。例えば、youtubeの広告やアプリ内広告、紹介や誘導による成果報酬などが挙げられます。上記のマネタイズと組み合わせて使用できるので、フリーだけに限りませんが、フリーと相性の良いマネタイズ方法です。

③他の要素を変える

マネタイズの方法が変われば、他の要素も変わってくる可能性があります。

「何で」「どのように」はもちろんのこと、「誰の」「何を」の部分が追加される場合もあります。先ほどの祖父母のプレゼントの例では、両親というもともとのターゲットだけでなく、祖父母というターゲットが加わります。

また、一括での代金全額支払いでしか買えなかったものを分割や無料化（販促モデルで収益化）する仕組みを作れば、ターゲットがより大衆化されるので「誰の」が変わってきます。

マネタイズはパターン化されているので、組み合わせをいろいろ考えて新たな起業アイデアを作りましょう。

14 起業アイデア3・0「コンペティターシフト発想法」⑫「誰から」をシフトした例

タクシーの「誰から」をシフトする

DeNAが2018年12月に無料のタクシーを始めて話題になりました。

これまでのタクシーは、利用者が利用距離と時間に応じて利用料金を払うビジネスモデルでした。一方で、DeNAの無料タクシーは、スポンサーとなってくれている企業の広告費でマネタイズしています。利用者は無料で乗れ、広告主はタクシーという狭い空間で利用者に広告を見せることができます。

タクシーの「誰から」をシフトする

誰の（顧客）	何を（課題）	何で（解決策）
移動手段のない人	交通手段のない離れた目的地に移動したい	タクシーで
		どのように（提供方法）
		送迎もしくはフリー走行

誰から（収益化）
利用者から、時間あたり距離あたりで課金

誰から（収益化）

利用者は無料
広告主から、広告掲載料（スポンサー）

ブランド品の「誰から」をシフトする

近年、ブランド品をレンタルできるサービスが増えています。

代表される1つに、ラクサス・テクノロジーズ株式会社が提供するLaxus（ラクサス）があります。このサービスは、自分が使わないブランド品のバッグを提供して、また、自分が使いたいバッグを他の人から借りることができるプラットフォームです。これまで購入するしかなかったブランド品を、定額でレンタルできる仕組みを構築しました。

つまり、一括購入から月額定額払いにシフトし、所有からレンタルにシフトしたということになります。

これまで、ブランド品を使用したい場合は基本的には新品か中古で購入するしかなかったため、一般的な人にとって、一つ一つが高価なブランド品は、なかなかたくさんの種類を持てませんでした。

しかし、マネタイズの方法を変え、利用しやすい価格と支払い方にしたことで、そうしたブランド品をより広いターゲットに提供できるようになり、新たな市場に展開することができたのです。

ブランド品の「誰から」をシフトする

誰の（顧客）	何を（課題）	何で（解決策）
一般女性	ブランド品バッグをいろいろな種類を安く使いたい	ブランドバッグを提供するプラットフォームで
		どのように（提供方法） ネット、店頭販売 ↓ ネット

誰から（収益化）

利用者から一括購入

↓

誰から（収益化）

利用者から、月額定額

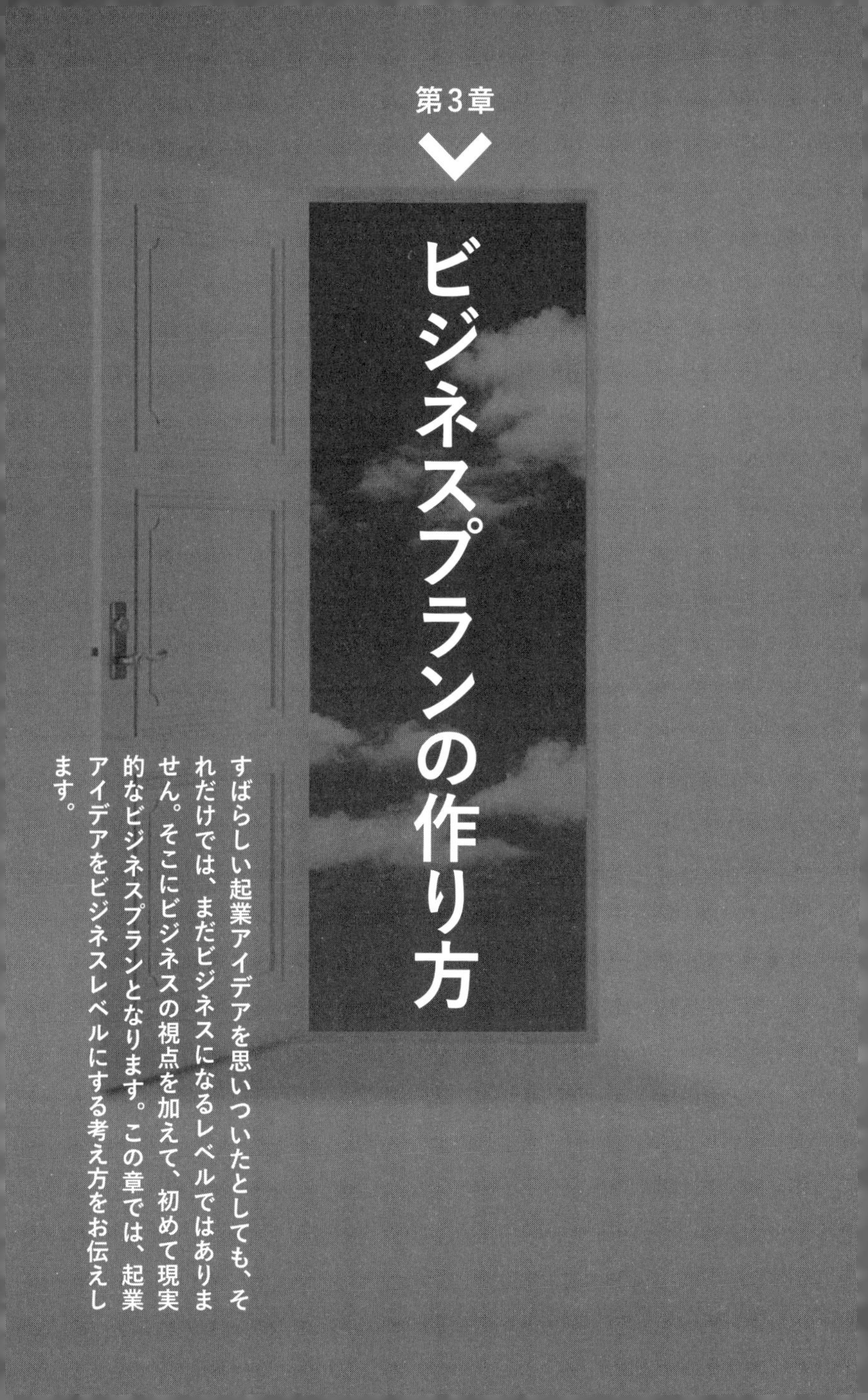

第3章

ビジネスプランの作り方

すばらしい起業アイデアを思いついたとしても、それだけでは、まだビジネスになるレベルではありません。そこにビジネスの視点を加えて、初めて現実的なビジネスプランとなります。この章では、起業アイデアをビジネスレベルにする考え方をお伝えします。

1 ビジネスに必要な視点

必要な視点は5つある

ビジネスに必要な視点は以下の5つになります。

①ストーリー
②競合の視点と優位性
③目標と市場規模
④採算性
⑤実現性

これらを起業アイデアに加えることでビジネス化されます。順に詳しく見ていきましょう。

①ストーリー

ストーリーとは、「なぜこの事業をやっているのか」「この事業をやることによってどのような世界を実現できるのか」を語ることです。

これが必要なのは、自分自身が本気で取り組む原動力となるのはもちろんのこと、より多くのメンバーに関与してもらうためです。

ビジネスを成功させるためには一緒に事業に関与してくれるメンバーや他の事業者、お客様が必要です。周囲のメンバーを巻き込むために有効な手段がストーリーになります。

②競合の視点と優位性

ビジネスでは競合の視点は必ず必要です。

後ほど詳しく説明しますが、競合がいないビジネスはありません。そのため、競合を把握して自身の事業の立ち位置を考える必要があります。

「競合より優位なのか」「優位でなければどこか優位な部分はないか、つくれないか」を検討します。

③目標と市場規模

「起業によって自分自身がどのような将来を実現したいのか」「それに見合う市場があるビジネスなのか」を考える必要があります。

市場規模は自分が目指す世界観を表すものなので、目標と市場規模をセットで考える必要があります。

④採算性

「このビジネスは採算性が取れるのかどうか」「どうすれば採算性が取れるようになるのか」を考えます。

実際はビジネスをやっていきながら都度検討していくことが必要ですが、スタートの段階でも検討しておくことが大切です。

⑤実現性

いくら起業アイデアの構想が良くても、実現できなければ意味がありません。また、実現できたとしても一過性のものであったら、これも継続して事業をすることは難しいです。

つまり、「実現できるか」「再現性があるかどうか」も重要となります。

5つの視点でチェックすることで自信が持てる

なお、これらの視点は、人やお金を集めるために重要な要素ではあるものの、一番の目的はあなたが考えた起業アイデアの可能性を見出し、自信を持って行動に移せるようになることです。

また、これらの5つの視点は顧客ニーズの把握のプロセスをおこなっていくことでも変わっていくので、都度、見直していくことが重要です。

では、次項より具体的に見ていきましょう。

2 ストーリー①ストーリーが必要な理由

ビジネスの成否は経営資源を集められるかどうかにかかっている

新しくビジネスを始める際に重要となってくるのが、ストーリーになります。

ストーリーとは、あなたが「なぜこの事業をやるのか」「この事業をやることによってどのような世界を実現したいのか」ということです。

ビジネスは一人で成功させるのは非常に難しいです。あなたがもし一人で何でもできるスーパーマンであれば問題ありませんが、成功しているすべての経営者は他者を巻き込んで成功しているといっても過言ではありません。

一般的に言うと、ビジネスの成功の可否は経営資源（ヒト、モノ、カネ、情報）をいかに集められるかに関わってきます。優秀な経営者は経営資源をしっかり集めています。フェイスブックもアマゾンもメルカリも、経営資源を集めて事業を大きくしてきています。

知名度のないベンチャーが経営資源を集めるにはストーリーが必要

そんな彼らも、起業したばかりの頃は、当然ですが今のように知名度があったわけでもなく、人材や資金などが揃っていたわけでもありません。そこで彼らが何をやってきたかと言うと、この事業がいかに魅力的か、ストーリーをしっかり伝えてきたのです。

まだ何もない、実績もほとんどない小さな企業に参画してもらうためには、ストーリーで人を巻き込み、ヒト、モノ、カネ、情報を集める必要があります。

最近の傾向として、ベンチャー企業に就職する若者が増えてきてはいますが、世間一般的には知名度のある企業に就職したいと思う方が大多数になります。知名度のない、特に起業して間もない会社が人材や資金といった経営資源を集めるためには、事業の魅力や将来性を伝えるストーリーが重要となるのです。

事業を成功させるために必要な経営資源を集めるためには、ストーリーを語れることが必須と言っても過言ではありません。

3 ストーリー②
ストーリーで集めるべき経営資源

❯経営資源はヒト、モノ、カネ、情報の4つ

ストーリーについて説明する前に、経営資源とは何か、のお話をしておきます。

経営資源とは、ヒト、モノ、カネ、情報のことを指します。

①ヒト

ヒトには、役員や従業員はもちろん、事業に協力してくれる社外のメンバー（サポーター）も含まれます。ビジネスは人がおこなうことなので、集まった人の良し悪しによってビジネスの成功は大きく左右されます。

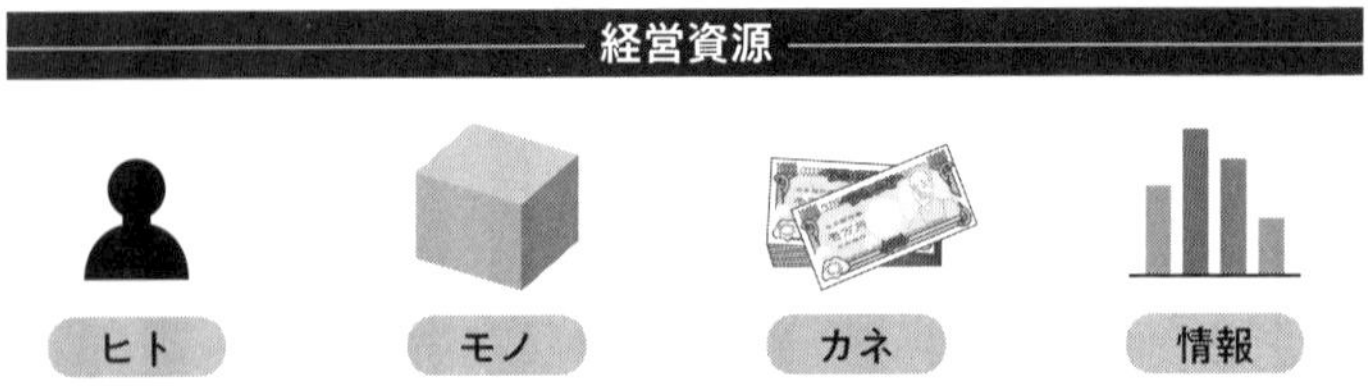

役員や従業員といった内部メンバーは、学歴の高い人を集めれば良いというわけではありません。もちろん、システム面が重要でプログラミングを短時間で構築するような話であれば、学歴の高い人の方が良いということはありえます。しかし、一方で、起業して間もない会社であれば学歴が高い以上に、何でもやれるオールラウンダーの方が良いこともあります。また、少し事業が上向きになってきて事業を広く展開していこうとなったら、営業活動ができる、精神的に打たれ強くガンガン行動できる体育会系の人材の方が良いということもあるでしょう。コミュニケーションがうまくなくても、与えられた仕事を正確にきっちりこなす人材も業務によっては必要です。

社外のメンバー（サポーター）は開発を共同しておこなってくれる外部企業や外注業者、各地域に点在する支援機関やコンサルタント、親族や身近な知人なども含みます。あなたのビジネスに協力・応援してくれるサポーターが多いほど、彼らが持つネットワークや知識・経験を提供してくれるようになり、ビジネスの成長に繋がります。

つまり、内部・外部ともにいかに人を多く巻き込めるかが重要となります。

人はさまざまな理由で集まります。大企業であれば、「潰れない」という安定性とか「大企業に勤めている」といった世間体などで自然と集まってきます。現在は人の採用自体が困難で、大企業でも従業員の採用に苦労していますが、少なくとも中小企業の採用と比べると楽なことに間違いはありません。

一方で、これから起業する、もしくは知名度の低い中小・零細企業であれば、人を集めることに苦労します。一般的に、大企業よりも高い給料を払ったり、充実した福利厚生を備えたりすることは難しいです。いくらやりがいを謳っても、それ以上にリスクが高い場合が多いので、人を集めるのが難しいのは感覚的にもご理解いただけると思います。

②モノ

モノとは、製品・サービス、また、それを生み出す機械等の設備を指します。

製品・サービスが直接的にお金を生むため、この良し悪しもビジネスの成功に大きく関わります。当然に、製品・サービスを生み出す機械等の設備が充実しているかどうかも関係してきます。

商品、サービスはあなた自身もしくはあなたと一緒にビジネスをやる中心メンバーが生み出せることが理想です。「自分たちで生み出せるかどうか」の意味は、「ヒト」の箇所でも説明した通り、内部・外部を問いません。例えば、工場を持たないで生産のすべてを外注するファブレス企業も存在します。

ただし、社外と連携するとしても自社内のメンバーで商品・サービスのコアな部分を確保しておくことは重要になります。例えば、デザイン性のある商品の設計図が自社で作成できるとか、材料の調合割合といった製造ノウハウを持っている、商品・サービスを提供するために他者にはできない何かを持っている、などです。他にも、他者が持っている特許権を独占的に使用できる権利や、海外製品を日本国内で独占的に販売できる権利をもったりすることも考えられます。

外部の連携先との関係悪化によって、ビジネスが立ち行かなくなることのないように、直接お金を生み出す商品・サービスを生産・提供するために必要となるコアな部分をしっかり自社で抱えられるようにしましょう。

③カネ

お金が重要なのは言うまでもありません。ヒトやモノを集める際に、お金があれば大部分を解決することができるからです。お金はカードゲーム「大貧民」のジョーカーみたいにさまざまな用途に使うことができるため、お金集めは非常に重要となります。

集める方法は、銀行等からの借入、投資家からの出資、自治体等の補助金（助成金）が主になります。

ただし、「お金の切れ目が縁の切れ目」と言われるように、お金で集めたヒトやモノはお金がなくなると離れていきますので注意が必要です。優秀な人材が欲しいと思って既存の給料より高い額を提示して集めた従業員は、より高い給料で転職していってしまうことが起こりえます。

④情報

情報もビジネスにおいては非常に重要となります。

例えば、あなたが飲食業や小売業をやる場合、立地が重要です。そして、立地が良い物件であればあるほど、一般の人に空きテナントとして情報が公開される前に、特定の人のところに情報が集まり、入居者が決まってしまいます。そうした情報を一般公開される前に得られるかで、ビジネスの成功の可否が変わってきます。

ビジネスにおいて情報を得られるかどうかも重要な成功要因です。

4 ストーリー③ ストーリーの目的

ストーリーには2つの目的がある

ストーリーを作ることには2つの目的があります。

1つ目は、経営資源を集めるために周囲の共感を得ること、2つ目は、自分自身が本当にこのビジネスをやりたいかが見えてくること、です。

順に説明しましょう。

共感を得られれば、何もなくても経営資源を集められる

起業して間もない会社は経営資源、特に人やお金を集めるのがたいへんです。

無名で小さな会社にあえて入社しようとする人は普通であればいません。もしいるとすれば、変人か、何かか、少なくとも普通の感覚でいい意味でまともではない人です。

お金も一緒です。まだ事業がどうなるかわからない、無名で創業間もない会社に資金を提供してくれる人はほとんどいません。一部の投資家がリターンに見合うリスクを許容して資金提供をしてくれますが、金融機関はできる限りのリスクを避けるため、普通に行けばお金を出してもらうのは難しいです。

そのような起業間もない会社が経営資源を集めるためにおこなうことが、ストーリーを語ることです。

例えば、「弊社は任天堂です」と言って採用活動をするのと、「先月起業しましたワープ株式会社（架空の会社）です」と言って採用するのとでは、結果は一目瞭然です。「どちらかを選んでください」と言われたら、ほとんどの人が任天堂を選ぶでしょう。

一方で、「私はワープ株式会社の代表です。弊社は先月起業したばかりだけど、瞬間移動を実現しようとしている会社です。まだ人を瞬間移動させる技術は未完成ですが、分子レベルでの瞬間移動は実現できており、近い将来1センチくらいのものであれば瞬間移動が実現できる見通しです。仕組みは、モノをいったん分子レベルまで分解して、通信を使って移動させ、移動先で再構築する、という方法です。ぜひ、弊社に参画して一緒に『どこでもドア』を実現しませんか？」と言われたらどうでしょう。

これでもみんながみんな参画してくれるとは限りませんが、少しでも面白いと思ってくれる人が増えたと思います。参画はしなくても、何か役に立てることがあれば都度協力しても良いと思えたり、少しくらいならお金を出しても良いと思ったりすると思います。自分がどこでもドアの開発に携われると思うとワクワクしませんか。

このように、ストーリーを語ることで周りの共感を得られて、何もなくても経営資源を集めることができる可能性が高まります。

本気でやりたいビジネスでなければ続けられない

また、ストーリーを考えることは、なぜこの事業をやりたいのかを考えることになります。「何となく思いついたから」とか「今話題だから」とかだと非常に危険です。ビジネスはそんなに甘いものではなく、みんながみんな人生をかけてやっています。

また、良い時もあれば悪い時もあります。悪い時に諦めずに事業を続け、危機を乗り越えられるかどうかは、そのビジネスを本気でやりたいかどうかにかかってきます。

参考に、第2章の事例で紹介した道路交通法違反の見える化を提供するジェネクスト株式会社の例を挙げます。

社長がこの事業を始めたきっかけは、タクシー運転手である父親が事故を起こした時に、ドライブレコーダーを元に保険会社に父親の過失が8割と言われたことでした。

ドライブレコーダーは単眼レンズのため撮影した映像が歪んでしまい、正確な車のスピードが割り出せません。そこで歪みを補正する特許を出願して、正確にスピードを割り出せるようにしたのです。結果、父親の過失は1割と大逆転したそうです。

社長はこの経験を元に、世の中の事故で困る人たちを助けたい、また、事故を減らしたい、という想いで事業をしています。このような話を聞くと、この社長を応援したくなりますし、実際にこの会社は小口で出資をしてくれるエンジェル投資家が何十人もいる状況です。

このような想いのあるストーリーは、経営資源の乏しい無名の企業にとっては必須の要素になります。

5 ストーリー④ ストーリーのメリット

ストーリーは誰でも語れる

ストーリーの一番良いところは、才能や環境などに関係なく誰でも使えることです。

身体的な能力や頭の良さなどは人それぞれで違いますし、その人が置かれている環境も違いますし、これらがビジネスに影響していることは間違いありません。

しかし、ストーリーを語ることは誰でもできます。ストーリーを考えて、会う人会う人に自分がどのような世の中を描いているのかを話すだけなので、才能とかは関係ありません。それでいて経営資源を集められる可能性が出てくるのです。

ここがストーリーの一番良いところです。誰でも平等です。ビジネスを成功させるためにも、ぜひ、ストーリーを考えてストーリーを語れるようになりましょう。

6 ストーリー⑤ ストーリーの考え方

ストーリーは3つの要素で構成する

ストーリーの大切さを理解できましたでしょうか？

最後に、ストーリーに必要な要素をお伝えします。ストーリーの構成要素は、以下の3つになります。

①いかにこのビジネスがインパクトを与えるか（世の中に必要とされるか）
②あなたがこのビジネスをやる理由は何か
③優位性があるのかどうか、それが続くのかどうか

順に説明しましょう。

①いかにこのビジネスがインパクトを与えるか

世の中にどれくらい影響を与えるビジネスかどうかは重要です。世の中への影響力の大きさによって人を惹きつける魅力度が増すからです。同じネジを作っていたとしても、100円均一で売っているネジか、宇宙ロケットの部品として使われるネジかで魅力度は変わります。

例えばあなたが従業員を採用したいと思った時に、「食べた人が幸せになるような美味しいラーメンを一緒に作らないか？」と言われて、正社員をやめて転職する人は非常に少ないと思います。そのラーメンの味に惚れ込んだ常連さんでも、安定した仕事をやめてラーメン屋に転職することはほとんどないでしょう。

一方で、株式会社ＡＬＥ（エール）という、流れ星を人工的に作るベンチャー企業があります。「いつでもどこでも流れ星が見える世の中を一緒に作ろう！」と言われると、「何？　流れ星が作れちゃうの？　面白そう！」と、技術者は心をくすぐられるかと思います。

このように、いかにインパクトを世の中に与えられるかでストーリーの魅力は異なってきます。

②あなたがこのビジネスをやる理由は何か

なぜあなたがこのビジネスをやるのかも重要です。どんなにインパクトがあるビジネスでも、「話はすばらしいけど、なぜあなたがやるの?」が問題になります。

このビジネスをやる理由が必要なのは、起業は最初から順風満帆ということはほとんどないからです。必ず良い時と悪い時の波があります。その時に事業を諦めずに継続できるかどうかは、あなたがこのビジネスをやる理由に依存します。

「農家が困っているから、農家が儲かるようにするビジネスをやりたい」と言っても、農業に関係ないと、「なぜやるの? キミである必要ないでしょ? (何か裏があるのかな、やり続けられるのかな)」と思われてしまいます。一方で、「自分自身がこの業界に何十年と携わってきた」とか、「身近な人が悩み続けてきたのをずっと見てきて何とかしたかった」とか、あなたと関係の深いビジネスだと、ストーリーに重みが増して共感が得られやすくなります。

ただ、あなたとまったく関係のない分野がダメかと言うとそうではありません。ふと道端を歩いていて、この課題は自分が解決する、自分はこのために生まれてきたんだ、といったこともあります。

例えば、農業の担い手・労働力不足を解消する収穫ロボットを製造しているinaho株式会社の社長は、農業やロボットにまったく関係のないキャリア、知識・経験がまったくない状態で起業しています。起業のきっかけはたまたま知り合った農家の困りごとを聞いて、何とかしてあげたい、という強い想いだけで、一から収穫ロボットを作っています。そして、この会社は数々のプレゼンイベントに登壇して賞を受賞したりもしており、順調に成長しています。

要は、あなたがこのビジネスをやる本気度が見えれば良いのです。そのために、「なぜこのビジネスをやるのか」というストーリーは非常に重要です。

③優位性はあるのかどうか、それが続くのかどうか

インパクトがあって、あなたがやる大義名分もあるストーリーだとしても、競争相手に勝てないようなビジネスだと、共感は得られても経営資源を集めるまでには至りません。そのため、このビジネスをあなたがやっていける、競合他社と戦って勝ち抜ける説明が必要です。

例えば、「この分野の第一人者で、誰よりも理解している」とか「特許を取得しており、競合が参入できない」とか「顧客を多く抱えており、後発企業が現れても優位性を保てる」などです。当たり前ですが、事業が将来的に継続できそうにないと、人もお金も集まらなくなってしまいます。

技術的な面であれば他者との違いを明確にしたり、第一人者として市場をいかに早く押さえるかが重要であれば開発スピードや実績の伸びなどでスピード感を示したりできるようにしましょう。起業前の段階であれば、過去の実績でいかに競合より勝れるかを説明するのも良いでしょう。

以上のように、経営資源を集めるために、インパクトの大きさ、あなたでないといけない理由、勝ち抜ける理由をストーリーで語れるようにしましょう。

7 競合の視点と優位性①競合を考えるべき理由

競合は必ず存在する

よく経営者の中には「弊社の商品（サービス）は世の中にないので、競合はいません」と答える方がいます。断言しますが、どんな商品・サービスであれ、競合は必ず存在します。

確かに、同じ商品（サービス）がこれまでに存在していなかった、という意味では「競合がいない」というのは正しいこともあります。

しかし、ビジネス上の競合は単に同じジャンルの商品だけかと言うと、それだけではありません。消費者が商品（サービス）を選ぶ際に「比較対象となるものかどうか」で競合相手を判断する必要があり、同じジャンルに同様の商品がないことをもって「世界で唯一の商品（サービス）」＝「競合が存在しない」ということではないのです。

❯ある課題を解決する際に比較対象となるすべてが競合

そもそも「競合」とはどういう意味でしょうか？

競合とは、競争することになる商品やサービス、もう少しビジネスの視点から言うと、課題を解決する（目的を達成する）際に検討する比較対象、と言えます。

商品・サービスはあくまで何かの課題を解決する（目的を達成する）手段に過ぎません。

例えば、東京から静岡に行きたい（目的）と思っている人がいるとします。そのような人のためにロボット馬車運送事業を考えたとします。最新の技術を搭載した馬型ロボットが自動運転で運んでくれるサービスです。利用者にとってのメリットは、パカパカという馬の軽快な足音を聞きながらフワフワのソファーで快適に目的地までたどり着けることです。

では、このレンタル馬車事業の競合はいないのでしょうか？

自動運転の馬型ロボを使ったレンタル事業は世の中にないので競合はいません、とはなりませんね。この場合の競合は「東京から静岡まで移動する」という目的を達成するための手段となる移動方法、すなわち飛行機、新幹線、タクシー、レンタカー、自家用車、自転車、徒歩など、すべてが競合です。つまり、消費者がある課題を解決（目的を達成）しようと思った際に、比較対象となるすべての選択肢が競合となるのです。

8 競合の視点と優位性② 2種類の競合

競合は2つの視点で考える

競合は2つの視点で考える必要があります。

「目的を達成するための手段としての競合」と「同じジャンル内での競合」の2つです。

例えば、あなたがレンタカー事業をやっているとします。

①目的を達成するための手段としての競合

消費者は東京から静岡に行ければいいので、この場合のあなたの競合は他のレンタカー会社だけでなく、比較対象となる電車や飛行機、タクシーも該当します。さらには、体力自慢の人であればロードバイクも競合になりえますし、学生であれば友達の車（無料で知人から借りる）

という可能性もあります。

②同じジャンル内での競合

前記の例のターゲットが都会住まいで車を持っていない家族で、山奥の温泉に行くことが目的だとします。するとレンタカーという選択肢が一番になります。

そこで、あなたのレンタカーだけでなく、他社のレンタカーと車種や料金、付帯サービスを比較して選ぶことになります。

つまり、目的を達成するための手段として比較対象となる競合と、同じジャンル内で性能や機能などを比較する競合の2つの視点で競合の存在を認識する必要があるのです。

レンタカー事業の競合

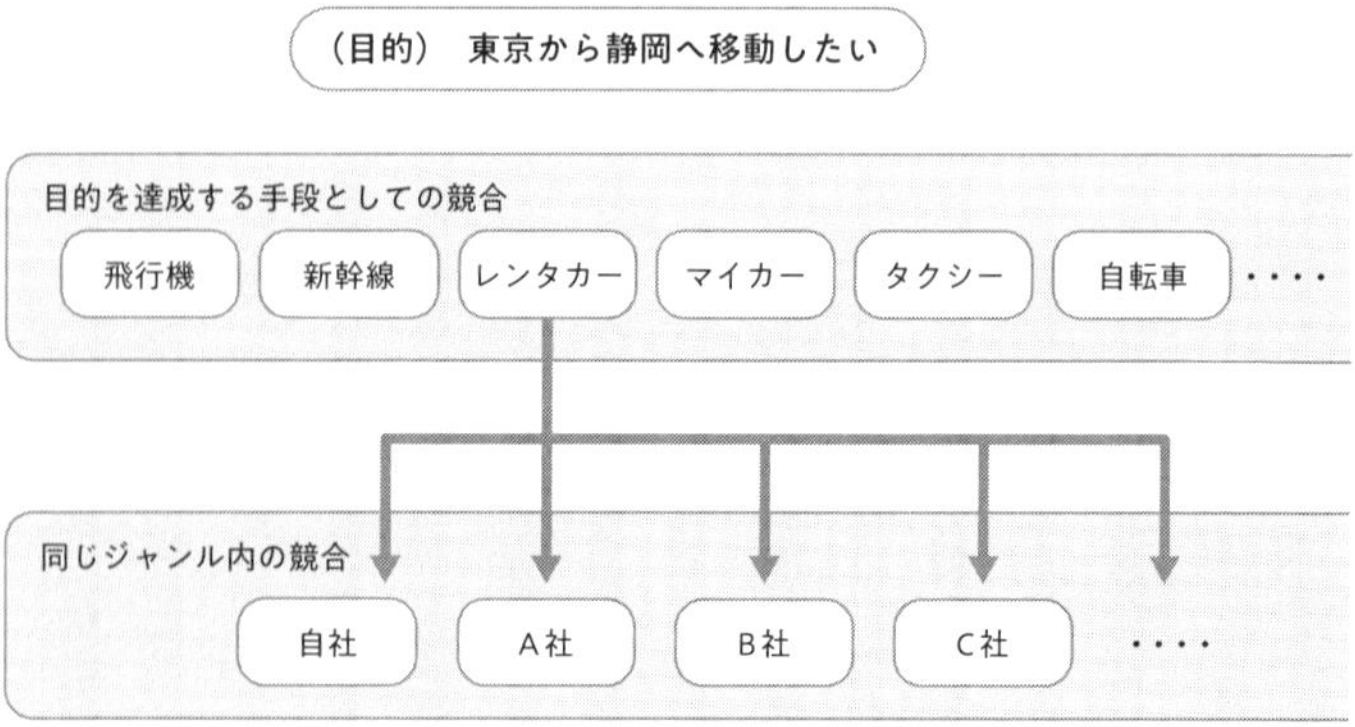

「我慢する」「何もしない」も競合になりえる

比較対象となるすべての手段が競合というお話をしましたが、「何かの手段を選ぶ」以外も競合となります。

例えば、冬の寒い時期に耳あてをしている人はそれほど多くありません。

そのような人は耳が寒くないわけではありません。ではなぜ耳あてをしないのかと言うと、おしゃれさだったり持ち運びが面倒だったり、いろいろな理由が考えられますが、端的には耳あてをして寒さを凌ぐよりも、我慢することを選択しているのです。

つまり、「我慢する」ことや「何もしない」ということも、状況によっては選択肢の比較対象となり競合となりえるということも頭の片隅に入れておいてください。

9 競合の視点と優位性③ 競合の把握方法

「誰の」「何を」の組み合わせによって競合が変わる

「競合とは、課題を解決する際に消費者が比較対象とするすべて」とお伝えしましたが、具体的に見ていきましょう。

まず、あなたがやろうとしているビジネスの課題を改めて確認します。

その課題を解決する手段のすべてが競合です。決して同じ商品・サービス群であるとは限りません。

では、前章で考えた「誰の」「何を」を改めて見てみましょう。誰がどのような課題を抱えているか、それに対する解決策の比較対象が競合となるので、「誰の」と「何を」の2つの要素で考える必要があります。

例えば、「東京から静岡まで移動したい」という課題だけで考えると、飛行機や新幹線、普通電車、自動車、レンタカー、タクシー、オートバイ、自転車が競合となります。これにターゲットを加えて、対象がサラリーマンであれば、早く移動したいというニーズになり、飛行機や新幹線が競合として選ばれます。また、ターゲットが学生であれば、お金があまりないので、競合は普通電車やレンタカー、オートバイや自転車かもしれません。

同様に、「遠くの人とコミュニケーションを取りたい」という課題を考えると、電話やFAX、手紙、メール、フェイスブック、LINE、インスタグラムといった手段が考えられます。そこにターゲットを加えて考えると、ベストな解決手段がターゲットごとに考えられるようになります。高齢者であれば電話やメールが多い傾向になり、学生であればLINEやインスタグラムが多い傾向になります。

これらのように「誰の」「何を」の組み合わせによって考えうる競合が変わってきますので、「誰の」「何を」をセットで競合を洗い出しましょう。

10 競合の視点と優位性④ 優位性を考えるべき理由

❯優位性は細分化して比較する

競合を洗い出したら、あなたが考えたビジネスが競合に勝てるかどうかを考えていきましょう。「誰の」「何を」に対して、あなたの解決策と競合の解決策のどちらが有利かを考えます。

優位性を考えるコツは、起業アイデア創出のコツでも述べた「細分化」して比較することです。課題に対して、解決策の各要素を比較します。

例えば、移動手段に伴う解決策の要素は「値段」「時間（速さ）」「移動の快適さ」「安全性」などが挙げられます。この要素それぞれで競合と比較して優位性があるかどうかを検証します。

ある一点において競合よりも優位であれば選ばれる

注意していただきたいことは、「要素ごとの比較で有利な点が多いか少ないか」で優位性を判断するわけではないということです。1つの要素しか優位性がなくても、それがターゲットにとって課題を解決するのに魅力的であれば、競合に勝るということです。

わかりやすい例が、「価格が競合の10分の1で提供できる」などです。機能はいまいちでも値段が安ければ受け入れられます。

例えば、LCC（ローコストキャリア）という格安航空会社は、これまでの飛行機よりも座席の幅が狭くて快適ではなく、機内食の提供サービスがカットされていますが、安さが魅力で選ばれています。ターゲットも近距離移動する人をメインにすることで、短時間であれば我慢できる、ということで受け入れられているのです。

このように、総合的に、また各要素における有利な点の数では劣っていても、ある一点において競合よりも優位であれば選ばれる可能性があります。

なお、有利だと思っている部分が顧客にとっては価値のない場合もあります。それは第4章の顧客のニーズ把握のやり方で判断しましょう。

比較の例

商品	機能の多さ	使い勝手の良さ	値ごろ感	総合点
競合A	9	6	4	19
競合B	6	7	7	20
自社	2	9	6	17

総合点では劣っていても、ある1つの要素で明確に優れていれば、消費者から選ばれる

11 競合の視点と優位性⑤ 対象を比較する際の注意点

見過ごしがないように注意する

先ほども述べましたが、比較する際の注意点を述べておきます。

【すべてにおいて勝てる場合】

・「自分自身の評価を高くしすぎていないか」を再検討。競合や分解する要素が漏れている、もしくは気付いていない価値を見過ごしている可能性あり。

・もしすべてにおいて有利である場合は、法律の問題や技術的な問題、業界構造でできないなどの理由がある可能性がある（後述する「実現性」をご参照ください）。

【一部、勝てる場合】

・「勝てる部分に特化して一点突破できないか」「逆に、一点突破できるのに無駄な機能を加えて特長がわかりにくくなっていないか」を再検討。

・有利な点に注目して競合とは別のポジションを取れるかどうか、つまり、有利な部分に価値を感じてくれるターゲットがいないかを考えることも有効。

【すべてにおいて劣る場合】

・劣っていることが逆にターゲット次第では価値がないかを考える。例えば、らくらくフォンは、ターゲットを高齢者とすることで「機能を削る」ことを「簡単に操作できる」というメリットにしている。

12 競合の視点と優位性⑥ 競合と戦うために必要なこと

ナンバー1であれば顧客が安心して選べる

優位性を確保する最大のポイントは、何かしらでナンバー1になることです。

ランチェスター戦略という考え方があります。これは弱者（起業して間もない企業）が強者（大企業）に勝つための方法を示したもので、新しいビジネスを始める人にとってたいへん有効な戦略です。

ランチェスター戦略の詳細はここでは省きますが、一言で表すと、「弱者はある部分でナンバー1になれ！」、逆に言うと「ナンバー1になれる部分を作れ！」という戦略です。

ナンバー1がなぜ重要かと言うと、どんな分野や要素であれ、ナンバー1であるということで顧客が安心して選べるようになるからです。

例えば、機能や画面の画質等は劣るけど、バッテリーだけは一番長持ちする携帯電話であれば、バッテリーを重視するお客様は迷わず購入できます。しかし、「どの機能も平均以上に優れています」という携帯電話であると「もっといいのがあるのでは?」とか「それなら大手の安心できるブランドにしよう」と感じてしまいます。

よく家電量販店が「地域最安値(そうでない場合は値引きします)」を謳っていますが、これも同じような考えです。同じ商品でも値段が違うことがあるので、お客様は競合店舗と比較して一番安いところを選びますが、地域最安値であれば競合店舗に行かないで安心して商品を購入することができます。

13 競合の視点と優位性⑦ 一番になるための方法

一番になる方法は2つある

一番になる方法は2つあります。

要素（機能）を細分化してその細かい部分でナンバー1になる方法と、市場（顧客）を切り分けてそのエリアでナンバー1になる方法です。

順に説明しましょう。

①要素を細分化する

商品・サービスを構成する要素を分解して、競合より勝る部分を見つけていく方法です。機能や提供プロセスなどを切り分けていくことで、ナンバー1になれる箇所を見つけていきます。

例えば、図のようにあるプロダクトを分解するとP1とP2とP3の3つの要素で成り立つとすると、その要素のそれぞれで一番になれるかどうかを考えます。それが難しければさらに要素を分解して、P4、P5、さらにはP1をさらに細分化したP11を考えます。

このように、プロダクトの構成要素を細分化してみていくことでナンバー1の要素を探していきます。

②市場（ターゲット）を絞る

もう1つの方法が、市場（ターゲット）を限定する方法です。市場を限定することでナンバー1になれるかどうかを検討していきます。

要素の細分化のイメージ

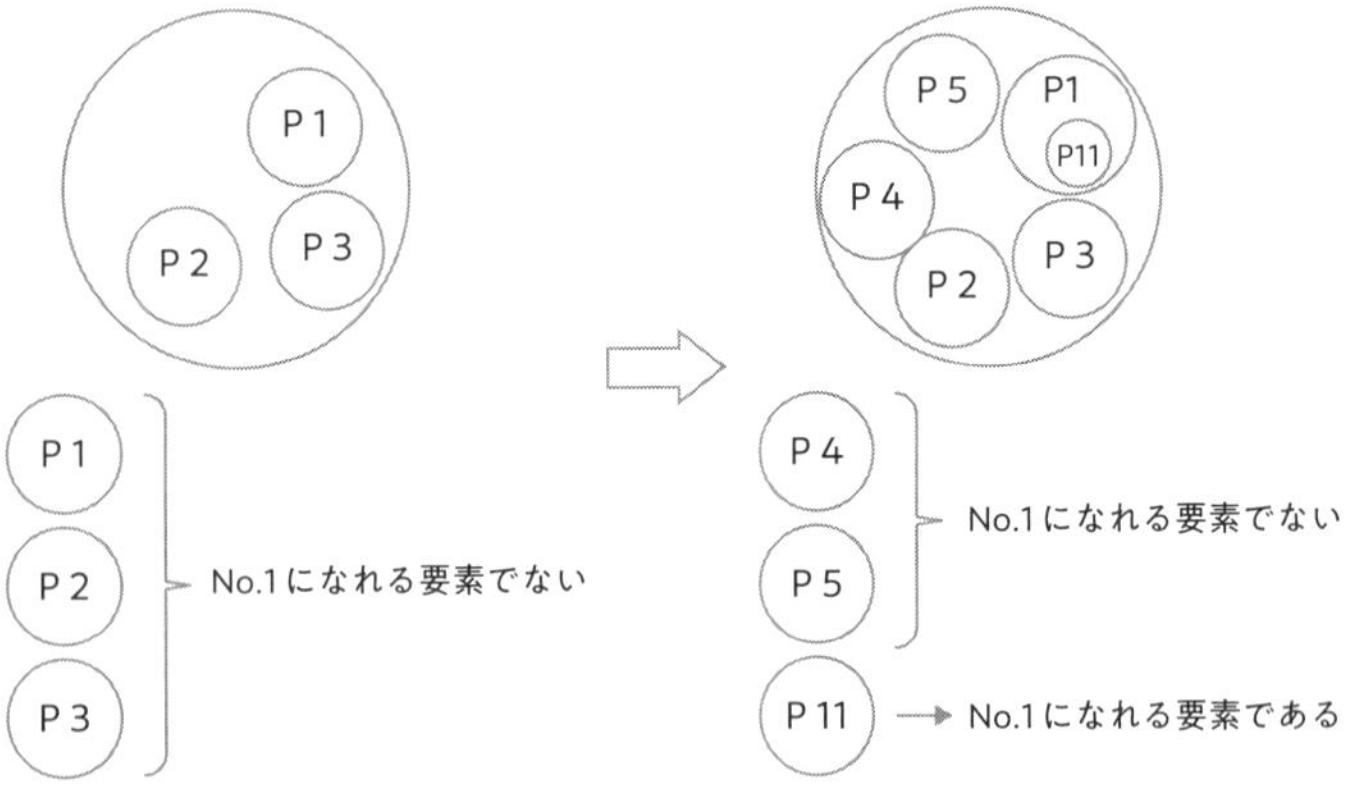

例えば、世界市場でナンバー1になれるか、アジア市場ではどうか、日本市場ではどうか、本州ではどうか、関東ではどうか、神奈川県ではどうか、横浜市ではどうか、横浜市神奈川区ではどうか、横浜市神奈川区金港町ではどうか、という感じです。

人を基準に考えれば、老若男女はどうか、若者はどうか、20代はどうか、20代の社会人はどうか、新卒3年目まではどうか、新卒はどうか、新卒の男性はどうか、新卒の男性で理系出身はどうか、という感じです。

限定しすぎて市場がないということはもちろん出てきますが、まずはナンバー1になれる市場を見つけてそこから広げていくことが大事です。

14 競合の視点と優位性⑧ 市場を限定する引き算と足し算

❯引き算では、その市場で勝てるかどうかが把握しにくい

最後に、市場を限定する際のポイントをお伝えします。

市場の限定の仕方は、引き算ではなく足し算でおこなうことです。

引き算とは、大きな市場から市場の一部を除いて限定していく考え方です。

例えば、日本でナンバー1になれないなら、（北海道、四国、九州・沖縄を除いて）本州でどうか、（本州から東北、東海、甲信越、中部……を除いて）関東はどうか、（関東から茨城、栃木、群馬、埼玉、千葉、東京を除いて）神奈川県はどうか……というように、市場を除いて限定していくやり方です。

ただし、引き算は、自分の強みや特長を加味しないで単に市場を狭めていく考え方なので、

引き算での市場の限定方法

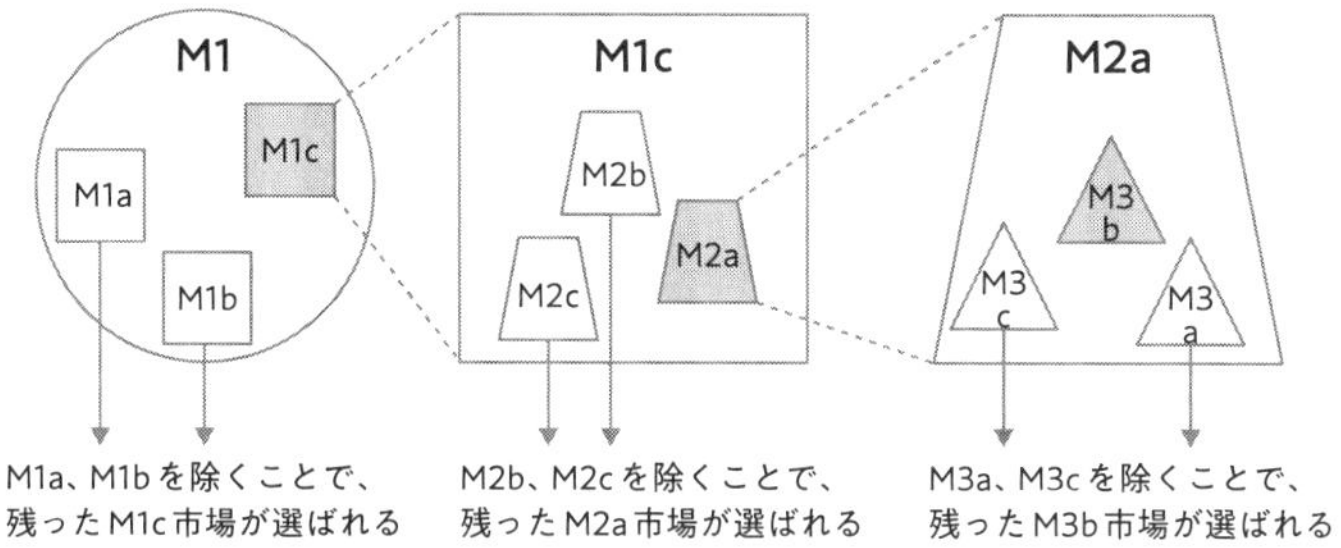
M1
M1a
M1b
M1c
M1c
M2b
M2a
M2c
M2a
M3 b
M3 c
M3 a
M1a、M1bを除くことで、
残ったM1c市場が選ばれる
M2b、M2cを除くことで、
残ったM2a市場が選ばれる
M3a、M3cを除くことで、
残ったM3b市場が選ばれる

自分がそこの市場で勝てるかどうかが把握しにくくなります。

足し算なら、自分だけが一番になれる市場を見つけやすい

一方、足し算は大きな市場から自分が得意な要素を加えて、市場を限定していく考えて方です。自分の得意分野を加えていって市場を限定させていくので、自分の強みや特長を活かして戦える市場が明確にしやすくなります。

例えば、日本で一番のコンサルタントになるのが難しいなら、（自分の特長である神奈川県で仕事をしていることを加えて）神奈川県ではどうか、（神奈川県でも特に横浜

市での活動が多い強みを加えて）横浜市ではどうか、（横浜市でベンチャー支援に特化している特長を加えて）横浜市のベンチャー企業を対象にしたらどうか、（ベンチャー企業でも0→1を得意としているのを加えて）横浜市のベンチャー企業で0→1の会社を対象にしたらどうか、（0→1の中でもアイデアからビジネスモデル構築の経験が豊富であることを加えて）横浜市のベンチャー企業で0→1で特に起業して間もない会社を対象にしたらどうか、というように特長を加えて市場を限定していくやり方です。

このように、特長を加えていくことで市場が限定されて、自分だけが一番になれる市場を見つけることができます。

足し算での市場の限定方法

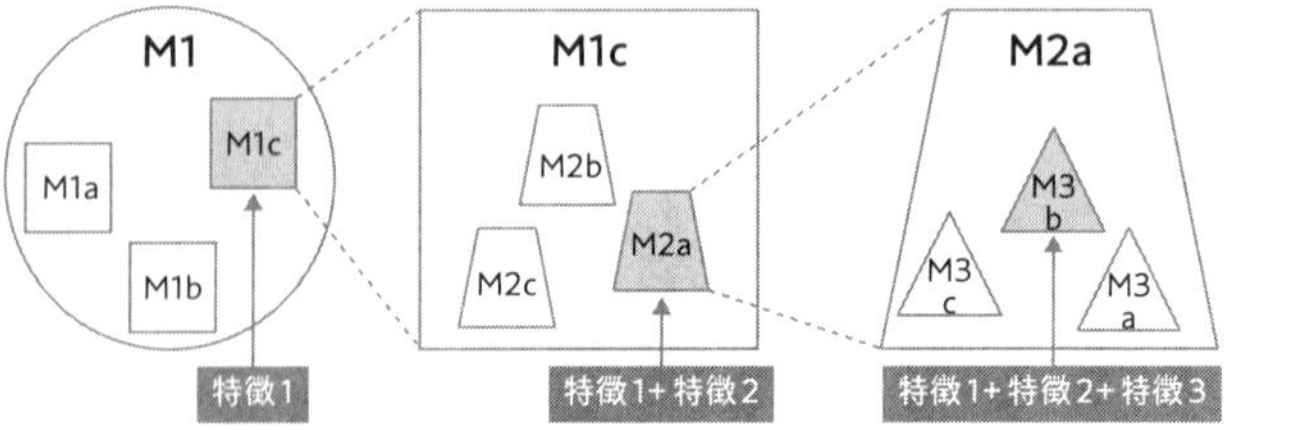

特徴1を加えることで、それに合うM1c市場が選ばれる

特徴2をさらに加えることで、それに合うM2a市場が選ばれる

特徴3をさらに加えることで、それに合うM3b市場が選ばれる

15

目標と市場規模①　目標を考えるべき理由

目的が不明確だと失敗しやすい

ここで少しビジネスから離れます（と言ってもビジネスに関係しますが）。

あなたは起業で何を成し遂げたいですか？

世の中を変えたいからですか？　どのような世の中にしたいのですか？

自由な時間が欲しいからですか？　自由とはどのような自由ですか？

お金持ちになりたいからですか？　どれくらいのお金が欲しいですか？　なぜ、その金額が欲しいですか？

あなたがなぜ起業するのかを考えてみてください。

私の周りで独立した人の中には、自由になりたくて独立したにもかかわらず、一部の誰かの下請けみたいな活動をしており、その人との関係性が悪化したら仕事がなくなるような「自由でない」人もいます。また、やりたくない仕事でも日銭を稼がないといけないからやらざるを得ない状況の人も見てきました。

これらは起業の目的が不明確な場合に起こる一例です。

起業は自分の想いを実現する手段です。

失敗する人の多くが、起業が目的となっているパターンや、目的が不明確なパターンです。

起業が目的とならないように、また、なぜ起業するのかをはっきりさせるために、再度、「起業をして何を目指すのか」を考えましょう。

16 目標と市場規模②　目標の考え方

起業によって実現したい「世の中」と「自分」を書き出す

では、実際に起業の目的を明確にしましょう。

図のように、起業によって実現したいことを、世の中と自分のそれぞれで書き出してみてください。世の中とは、起業によって実現したい世界観です。

例えば、世の中であれば「介護で悩む家族の精神的な負担がない世の中にしたい」とか「場所に関係なく働ける世の中を実現する」とかです。自分であれば「年収1億円」とか「働く場所や時間に囚われないで生きたい」とかです。

これに正解はありませんので、自分に正直に書いてください。

例えば、あなたの周りの人が株式上場を目指しているから、あなたも株式上場を目指さない

実現したいこと（例）

作表

実現したい世の中
・チャレンジしたい人がチャレンジできる世の中を作る
・再チャレンジが容易な世の中を作る
・価値が正当に評価される世の中を作る
・アイデアが実現できる世の中を作る

実現したい自分
・毎年1億円投資できる資産を持つ
・値札を見ずに買い物をする
・好きな時に好きな場所で好きなことができる生活を送る
・毎日6時間以上寝る

といけないわけではありません。極端な話で言えば、今のサラリーマンの給料以上を稼げて自由に仕事ができる環境を望むのも正解です。

できる限り具体的に定義することが大事

なお、記載する上での注意事項は、言葉の定義をしっかりすることです。

例えば、「自由に働きたい」のであれば、今の世の中では組織に所属しても実現できる場合があります。実績とスキルのあるプロフェッショナルと企業をマッチする仕事依頼サイトを運営する株式会社キャスターは、完全にリモートワークを実現しています。場所に囚われずに働ける環境で、「自由な働き方」を実現しています。

また、旧態依然の会社でも自由な働き方は実現できます。私は金融機関で営業をやっていましたが、営業は成績さえ上がっていれば「自由に」働けます。ここだけの話ですが、お客様の家で一緒にW杯を見たこともありましたし、気分転換に営業バイクで1日でどこまで遠くに行けるか試してみたりしたこともあります。

　ですので、できる限り具体的に定義し、今の環境で実現できないのかどうかをしっかりと考えることが大事です。

17

目標と市場規模③ 市場規模を考えるべき理由

ビジネスの可能性を数値化する

あなたが起業して何を成し遂げたいのかが明確になったら、次は市場規模を考えます。ビジネスを始める際には必ず、「市場規模はどれくらいか」という話になります。市場規模を計るのは難しいと思われがちであり、実際に多くの起業家を悩ませています。

でも、市場規模を難しく考える必要はありません。

市場規模はあなたのビジネスの可能性を数値化したものになります。あなたがおこなうビジネスのターゲットがどれくらい存在するのか、あなたのビジネスがどれくらい大きくなる可能性があるのかを見える化するものです。

起業は一般的に、あなたが感じている世の中に不足していることを解決するためにする活動です。ですので、あなたが起業したい背景には何かしらの実現したい世界観があるはずです。

つまり、あなたのビジネスの可能性はあなたが実現したい世界観となります。よって、市場規模は、あなたが実現したい世界観を数字に落とし込めば良いのです。

なお、市場規模の出し方は後ほど説明します。

簡単に言うと、自分のビジネスは誰（顧客）のどのような課題を解決するもので、それに困っている人がどれくらいの数いるのかを考えるということになります。

18 目標と市場規模④ 市場規模の正確性

正確性を求めても意味がない

市場規模は正確である必要はありません。

もちろん正確であるに越したことはありませんが、正確に出すことがほぼ不可能なので、正確性を求めなくて構いません。

参考に、あなたが喫茶店を始めると仮定して市場規模を考えてみましょう。

日本フードサービス協会が毎年発表している喫茶店の市場規模（平成29年）は1兆1358億円となっています。ですので、あなたの喫茶店ビジネスの市場規模は1兆1358億円となります。

しかし、「市場規模が1兆円もあるから、私がやる喫茶店ビジネスには将来性がある」と言われても「そんなことないでしょ」と直感的に感じると思います。

　また、もしあなたの喫茶店ビジネスが、勉強や仕事のしやすさを追求した快適な喫茶店だとしたら、既存の喫茶店の市場規模だけでなく、漫画喫茶を利用している人や自宅や会社で仕事している人も利用して、新たな顧客を増やせる可能性が出てきます。

　さらに、政府統計データの算出間違え事件もあったように、統計データ自体の信頼性の問題があったりもします。

　そのようなことを含めると、市場規模に正確性を求めること自体があまり意味をなさないことになります。

19

目標と市場規模⑤ 市場規模の納得性

納得できる根拠がしっかり説明できることが重要

市場規模に正確性は必要ありませんが、納得性があることは必要です。どんなに細かく計算しても、精度は上がるとしても正確になるわけではないことは、投資家や金融機関等は理解しています。一方で、算出された市場規模に根拠があるか、その根拠に納得できるかどうかは非常に重要になります。

市場規模は、「あなたが実現したい世の中を数字に数字化したもの」でした。あなたが考える「実現したい世の中」に、正解はありません。あるとすれば、あなたが考える世界観自体が正解となります。

あなたの考える世界観を理解してもらうために重要なことは、正確性ではなく納得性になります。納得できる根拠がしっかり説明できることが重要となるのです。

そのため、市場規模に正解はありませんし、説明する相手によって納得してもらえたり、根拠が不十分で納得してもらえなかったりということも起こりえますが、どのような根拠があれば納得してもらえるか、という視点で市場規模を考えると良いでしょう。

納得できる根拠は人によって違う

では、誰を納得させるために市場規模を出すのかと言うと、自分自身と他人の両方です。

自分自身に対しては、自分の人生の目標と照らし合わせて、そのビジネスが人生の目標を実現するのに値する市場規模があるとわかれば、迷いが減ってより行動しやすくなります。

他人に対しては、例えば投資家（ベンチャーキャピタル等）であれば、やろうとしているビジネスの将来性があると判断できれば、出資する決断をしやすくなります。

なお、相手によって、納得してもらうために必要な根拠が違うこともあります。次項で一般的な市場規模の算定方法を掲載しますが、人によって納得度に違いがありますので、納得してもらいたい相手がいたら、その都度、その人が納得できる根拠を示すと良いでしょう。

20

目標と市場規模⑥ 市場規模の算定方法

主な算定方法は4つ

市場規模の算定においては、根拠に納得性があればよいので、どのような算定方法を使っても問題ありませんが、以下の方法を使うと算定しやすくなりますので参考にしてください。

①統計データから
②代替する市場から
③実現したい世界観から
④アンケートから

順に説明しましょう。

①統計データから

政府や自治体、業界団体が集計している統計データを用いるやり方です。ホームページから検索できますし、わからなければ自治体に電話すれば親切に教えてくれます。私も国土交通省に電話して、運送業の統計データについて質問したりしますが、親切に教えてくれます。

また、分野ごとに白書という刊行物もあります。レジャー白書やエネルギー白書、交通安全白書などです。白書をまとめた「白書の白書」という刊行物もあります。もちろん、ネット検索等をすれば有償でデータを提供しているサービスもあります。

②代替する市場から

既存の市場を代替する新しいサービスであれば、代替する市場規模で説明するのも良いです。

例えば、これまで購入しか手段がなかった商品をレンタルで提供するようにした場合（例えば月額定額で食事食べ放題の飲食店など）、このビジネスの市場規模は既存の市場規模の代替となるので、既存の市場規模の数値があなたのビジネスの市場規模の参考になります。

③実現したい世界観から

実現したい世界観とは誰の、どのような課題を解決しようとしているか、つまり、その課題を持っている人がどれくらいいるのかを推定して、その数にあなたが提供しようとしている金額を乗じて算出します。

例えば、あなたのターゲットが30代、40代の女性であれば、その数は約１６３２万人（総務省統計局　人口推計　平成31年４月報より）いますので、あなたの商品が一人あたり１万円とすると１６３２億円の市場規模になります。

④アンケートから

③は統計データを用いた算出でしたが、実際にどれくらいの人がいるのかを調査する方法もあります。ターゲットとなる人、数十名から数百名にアンケート調査し、その結果をもってどれくらいの人が顧客として推定されるかを判断し、客単価をかけることで市場規模になります。

21 採算性①
採算性を考えるべき理由

利益が出るイメージが湧くことが重要

次は採算性を見ていきますが、市場規模と同様に、採算性も正確である必要はありません。あくまで、この起業アイデアをやろうとしたらどれくらいの利益・収入を得られるのか、またこれをやるためにどの程度の資金が必要なのかを、現時点で想定できる範囲で判断するためのものです。

正確である必要がない理由は、顧客のニーズを把握するまでは具体的にどのようなプロダクトを作る必要があって、それがどれくらいコストがかかるか、いくらの値段なら受け入れられるかが確定できないからです。

ただ、起業前から採算の目処や利益が出るイメージが湧くと、行動に移す（起業する）ことが容易になり、周りの理解も得やすくなるため、考えておくことが大事です。

採算性は、売値から費用を引いて算出します。

また、ビジネスを始める前に事前にいくらくらい必要となるかは、初期費用と、月ごとの採算性を把握して、黒字化までの期間から算出します。

22 採算性② 採算性の把握方法

売値から変動費を引いたのが利益

採算性（利益）は、1個あたりの売値から1個あたりの費用（変動費）を引いて求めます。これがプラスなら黒字、マイナスなら赤字となります。後ほど述べますが、赤字ならもちろんのこと、黒字であっても固定的にかかる費用を賄えなければ、売値や費用を見直す必要があります。

売値には根拠が必要

では、まずは売価（売値）を考えます。

採算性の算出式

1個あたりの売値 − 1個あたりの費用 ＝ 利益

売値は、1単位を販売する際の予定価格です。起業アイデアで考えた「誰から」にあなたが売れそうだと思う価格を設定します。まだ起業アイデア段階なので「これくらいの価格で売りたい」で構いません。

ただし、価格の根拠は必要です。「なぜその価格になるのか」を説明できないと、売れるものも売れません。逆に、その値段に納得性があれば、どの価格でも売れるようになります。

例えば、スーパーでは100円で買える炭酸飲料が一流ホテルでは10倍の1000円することもあります。同じ飲料水でもおもてなしのサービス料が加わって10倍の値段になっていますが、高級感、贅沢感の演出で、顧客はその値段で受け入れます。

顧客は当然に、同じようなものに対しては同じような値段を想定しますが、価格設定の根拠に顧客が納得できれば、いくらの値段でも構わないのです。

❯費用は生活費と変動費、固定費を考えておく

次に、費用を考えます。

考えるべき費用は2つ。あなたが生きていくための生活費と、商品・サービスを提供するために必要な費用です。

①生きていくための生活費

これは現在のあなたの月々の生活費を単純に計算してください。食費、家賃、水道光熱費、電話代、交際費、教育費、医療費、保険料、雑費などの合計が、最低限稼がないといけない金額になります。毎月多少の変動はあるので、目安としてざっくりな数字で構いません。

②商品・サービスを提供するために必要な費用

商品・サービスを作るために必要費用は、変動費と固定費に分かれます。

変動費は商品を作るのに必要な費用で、材料費等が該当します。変動費は商品を作る際に発生する（逆に、作らなければ発生しない）費用になります。

固定費は商品を作るかどうかに関係なく必要な費用です。事務所を借りていれば賃借料が、製造設備をリースで借りていればリース料が、固定費になります。また、アプリを提供する場合はサーバー代等も固定費になります。固定費は1ヶ月分で考えます。

例えば、あなたが考えたアイデアグッズの売値を1万5000円、生活費を30万円、変動費を5000円、固定費を20万円と仮定します。

すると、1万5000円（売値）－5000円（変動費）＝1万円（利益）となります。

23

採算性③ いつまでいくら必要となるのかの把握方法

初期コストの回収には時間がかかる

採算性について重要なもう1つの視点は、収益が黒字化するまでにいくら必要かを算出することです。

例えば、アプリの提供などは最初に初期コストがかかり、利用者が増えることによって収益を上げられるようになりますので、それまでは赤字が続くことになります。また、商品の販売でも同様に、必要な数が売れるようになるまでマイナスの状態が続きます。

そのため、黒字になるまで総額でいくらの赤字となり、それを埋め合わせるために必要な資金がいくらになるのかを把握することが重要です。

いくら市場があって顧客を獲得できそうと思っていても、黒字となる顧客数を獲得するまでに数年かかってしまい資金が不足するような状況ですと、やらない方が良いということにもなってしまいます。

そこで、何人お客様を獲得しないと黒字にならないか、それはどれくらいの期間を要する見込みかを知っておきましょう。

24

採算性④
何人獲得する必要があるのかの算定方法

販売数の目標も把握しておく

どれくらいのお客様を獲得すれば黒字になるか、もしくは生活費を賄えるかを算定してみましょう。

何人に売れれば黒字になるかは、先ほど計算した利益と固定費を使って算出します。算定にあたっては月単位でおこないます。

1個あたりの販売利益が1万円、月々の固定費が50万円（生活費の30万円を含む）と仮定すると、月々の固定費50万円を1個あたりの販売利益1万円で賄うことができれば、月々の収支が黒字になることになります。よって、50万円（固定費）÷1万円（粗利）＝50個、つまり毎月50個売れれば黒字となり、ビジネスを継続していけることとなります。

25

採算性⑤ いつまで赤字が続き、トータルでいくら必要かの考え方

事業が軌道に乗るまで耐えられるかを判断する

先ほどの例では、月に50個売れれば生活ができる計算になりました。

では、月に50個売れるのかどうかを考えてみてください。最初から50個以上売れれば問題ありませんが、ここでは最初から50個を売るのは難しいので初月は10個、毎月10個ずつ増やす計画で考えてみます。

この場合、5ヶ月目で毎月50個売れるようになり、収支ゼロ（損益分岐点）の状態となり、6ヶ月目で10万円の黒字となります。

つまり、赤字が続く4ヶ月間はお金が不足し続けます。その4ヶ月間のマイナスの総額が、

事業が軌道に乗るまでに必要な資金になります。この場合は、△40万＋△30万＋△20万＋△10万＝△100万円です。

さらに、製造に必要な備品やアプリ開発に必要なパソコン等の初期費用（ここでは50万円と仮定）を合計した150万円が、事業を初めてから黒字になるまでに必要な資金の総額になります。

この150万円を貯金なり、借入なりで確保できるかどうかが事業を始める判断の1つの基準です。

ただ、現在は副業も会社によっては認められていますし、会社員のままでもプライベートな時間でやれることはたくさんありますので、黒字になるまで会社員のままで給料をもらいながら事業を軌道に乗せる方法も有効です。

収支計算表

	初期費用	1ヶ月目	2ヶ月目	3ヶ月目	4ヶ月目	5ヶ月目	6ヶ月目
固定費	—	50万	50万	50万	50万	50万	50万
販売数	—	10個	20個	30個	40個	50個	60個
粗利	—	10万	20万	30万	40万	50万	60万
収支	△50万	△40万	△30万	△20万	△10万	±0万	＋10万

26 採算性⑥ 採算性が合わない場合の対処法

対処法は3つ

前述の計算をおこなうと、必ずしも黒字になるとは限りませんし、黒字になるまでの期間が長すぎて必要資金を確保できないかもしれません。

また、利益がプラスであっても、その額が少なければ、見直す必要もあります。

極端な例ですが、利益が1円で固定費が50万円の場合は、黒字になるまで50万人の人に毎月購入してもらわないといけません。ビジネスにもよりますが、一般的には黒字化させることが困難と推測されるでしょう。

改善方法は「利益を増やすこと」になりますが、利益を増やす方法としては「値上げする」「変動費を下げる」「固定費を下げる」の3つになります。

それぞれ対処法の案を出しますので参考にしてください。

①売値を上げる

値段を再度、検討します。

ただ、値段は最初に自分が売れそうな価格とその根拠を考えてもらっているので、採算性が合わないからといって売値を上げても顧客に受け入れてもらえない可能性が高くなります。

値段を上げる場合は、再度、見落としている価値がないか、新しい価値を加えられないかを検討して、それと合わせて値上げします。マネタイズの方法を変える（例えば、高価格帯を増やす、月額課金を導入する）方法も有効です。

②変動費を下げる

外部へ依頼する製造を自分でできないかを考えます。自分でやることによって製造コスト（変動費）を下げられる可能性がありま す。また、間に業者を挟まずに直接製造元へお願いする

利益を増やす3パターン

計算式	売値	− 変動費	− 固定費	= 利益
売値を上げる	↑			↑
変動費を下げる		↓		↑
固定費を下げる			↓	↑

のも良い方法です。例えば、市町村によっては安く3Dプリンターを提供していたり、そのサポートをおこなったりしている機関があります。

また、不要な機能を削減できないかも考えます。第4章「顧客ニーズの把握」で詳細は説明しますが、これまでにない新しいものを提供する場合は、世の中になかったコアな部分が提供できれば良いことが多いです。そのため、最初から機能が充実したプロダクトでなくても顧客は受け入れてくれます。よって、コアでない機能を減らして変動費を下げる方法も有効です。

②固定費を下げる

固定費が多くなってしまう要因の1つに「こだわり」があります。

プロダクトの一番の価値となる部分にはこだわる必要がありますが、それ以外の部分は初期段階ではこだわる必要はありません。

ドクターメイト株式会社は、介護事業所のナースが抱える「介護領域で起こる医療的な問題は多岐にわたるが、それぞれの専門科にすぐにアクセスすることは難しい」という課題を、医師とナースを繋ぎいつでも相談できるサービスを提供しています。

では、このサービスをどのように展開しているかと言うと、他社が提供する月々数百円で使えるチャットサービスを使っています。

通常の会社ですと自前でチャットのプログラムを用意しようとしてしまうところですが、チャット機能自体は「こだわる」必要がないため、既にあるサービスを導入しているのです。このように、「こだわる」必要のない部分は外部のサービスを有効活用することで固定費を削減できるようになります。

「この仕組みは自分で作る必要がある」と思っていても、今の世の中、探せばそれを提供しているサービスは見つかります。例えば、「クラウドファンディング事業者になりたい」と思ったらシステム構築が必要と思われますが、クラウドファンディングのプログラムフォーマット自体もネットで無料公開されたりしていますので、システムを作る必要がない世の中になっています。

売値は見せ方次第な部分が大きく、費用はやり方によって安くできる可能性があるため、最初の計算で採算が合わなかったことで諦めないで、採算性が合うビジネスにできるかを粘り強く考えてみてください。

27

実現性①
実現性を考えるべき理由「良いアイデアほど実現できない」

良いアイデアとは「お金になる価値があるもの」

実はあなたが「良いアイデアを閃いた」と思っても、多くは実現できません。その理由と対策をお伝えします。

まず「良いアイデアとは何か」を説明します。

本書で言う「良いアイデア」とは「より多くの人が価値を感じて、お金を払ってくれるもの」です。アイデアに価値を感じてお金を払ってくれる人がいなければ、そのアイデアは単なる妄想であって、良いアイデアとは言えません。

ビジネスにおけるアイデアは、顧客にとって価値を感じてもらえる（お金を払ってもらえる）

ことが絶対に必要です。ですので、良いアイデアとは「お金になる価値を有しているもの」になります。

アイデアの実現を妨げる6つの壁

では、なぜ良いアイデアほど実現できないのでしょうか?

理由は、良いアイデアであればあるほど、多くの人が解決しようと試みている課題であり、何かしらの解決策が既に存在するからです。

つまり、あなたがそのアイデアに気付く前に、既に世界の誰かが気付き、それを実現しようと挑戦しているということです。それなのに世の中に存在していないということは、何かしらの理由があるのです。

それが、アイデアの実現を妨げる6つの壁です。この6つの壁を乗り越えられて、初めて良いアイデアが実現できるのです。

28 実現性②
第1の壁「見つけられていない」

きちんと調べれば既に存在することも多い

1つ目の壁が「見つけられていない」です。

「良いアイデアを思いついて調べてみたけどない」と思っていても、意外と見つけられていないということがあります。調べ方は、ネットでの検索（さまざまなキーワードを使って）、その分野の専門家へのヒアリング、関連するイベントへの参加（ブース出展等による情報収集）があります。

また、あなたの起業アイデアのターゲットへのヒアリングも有効です。ターゲットとなる人は既に対策をしていることがあるため、そこで同じような商品・サービスの存在に気付くこともできます。

ただ、ある程度調べたり聞いたりした段階で見つからないようなサービスであれば、チャレンジする価値はあります。あなたが本気で探したにもかかわらず見つからないということは、本当にないか、仮にあっても広がっておらず、世間からは存在を認識されていない可能性が高いからです。周りにその存在を知られていない＝ないことと同じでしょう。

ただし、この場合はいかにスピード感を持ってビジネスに取り組めるかが重要になります。「ない」とわかったら早い者勝ちなので、すぐに実行することが大事です。

同じようなものが見つかった時は5つの切り口で差別化する

もし調べていく中で同じようなものが見つかった時は、それが本当に同じものであるかどうかを判断する必要があります。

一見同じ製品やサービスに見えても、深掘りしていくと違うものということも意外と多いです。

例えば、メルカリが代表的な例です。メルカリのサービスが開始する前にネットオークション（フリマのように即決価格でやりとりできる機能）や女性ファッションに特化したフリマアプリなどがありましたが、ターゲットや取り扱い商品、ビジネスの仕組みが違うものだったため、メルカリが一気に拡大しました。

同じかどうかを判断する方法は、起業アイデアの5つの切り口を見直すことです。顧客は誰か、課題は何か、その課題を解決する手段や提供方法はベストか、誰からお金をもらうか、というのを再度確認します。

その上で、もしまったく同じであったら、5つの切り口のどれかを変更することで違うビジネスにできないかを検討し、競合しない製品・サービスにしましょう。

29

実現性③ 第2の壁「技術的に造れない」

造れなければ実現しようがない

第2の壁は「造れない」です。

一番わかりやすい例がドラえもんの「どこでもドア」でしょう。どこでもドアが欲しくない人は一人もいないと思います。存在すれば顧客のニーズは間違いなくあります。でも、世の中に存在していません。理由は簡単で、現代の技術においては造ることができないからです。

もっと身近な例で言うと、IoT（Internet of Things）関連の製品です。IoTとは、インターネット経由で通信をする製品を指します。例えば、一人暮らしの高齢者向けに、使った時間を随時家族の携帯電話等に通信して、生存確認できる機能を有した家電（例えば電気ポット）などです。これは大容量の通信インフラが整備された技術革新によって実現できるようになった製品です。このようなアイデアは昔から誰かが考えていたかと思いますが、技術的に「造れなかった」ために、これまでは世の中に存在していなかったものになります。

逆に言うと、あなたが有する技術が他社にできない技術であり、ある課題を解決する商品・サービスを造れるのであれば、チャンスです。もしくは、そのような技術を持った人と連携することも同様です。他にも作り上げるのがたいへん困難な仕組みを作り上げられた、ということも非常に大きなチャンスになります。

再現性がない場合も、造れないのと一緒

また、造れても再現性がない場合は、造れないのと一緒です。再現性とは、「同じものを繰り返し造れるかどうか」ということです。奇跡的に1回造れたとしても、2回目以降が造れないのであれば、造れるとは言えません。例えば、ラーメンが美味しく作れたとしても、レシピがなく毎回同じ味を出せないのであれば、商売になりません。

他人が造れなくても（自分に協力してくれるメンバーも含めて）自分が造れる状況であれば非常にチャンスとなります。再現性も含めて、自分が造れるのかどうか、どうやれば造れるのかを考えましょう。

30

実現性④ 第3の壁「知的財産で守られている」

商品化されていなくても知財が登録されていることはある

第3の壁は、知的財産権に守られている場合が該当します。

知的財産（知財）とは、特許権、実用新案権、意匠権などのことを指します。

特許申請をした商品のすべてが商品化されているわけではなく、申請しても商品化しないことはたいへん多いです。しかし、商品化されていなくても知財が登録されていれば、他の人が作ると知財の侵害になります。

ですので、世の中に商品化されていないからといって、単純に作れるとは限らないのです。

ちなみに、私はスリッパを揃えやすくするためのアイデアとして、スリッパの内側に磁力の弱い小さな磁石を埋め込んだスリッパの試作品を作ったことがあります。試作品の製造原価は

２００円、作業時間は10分です。しかし、特許検索をしてみると既に特許申請がされており、商品化を断念しました。

何か商品化をする際は、知財の検索は必ずおこなってください。例えば、知財を調べずに製造用の金型に１００万円かけてしまって、後から知財があるとわかったら１００万円を無駄にすることになってしまいます。

なお、知財の検索は、特許庁のＪプラットフォームのサイトで、あなたのビジネスに該当しそうなキーワードで検索します。

もし、特許が取られていたら、諦めるか、権利者と交渉して実施できる権利を有償もしくは無償で受ける方法はあります。これは交渉次第ですが、権利者から実施する権利を受けられれば、逆に安心して製造できるようになります。

31

実現性⑤ 第4の壁「規制されている」

❯規制はチャンスにもできる

第4の壁は、法や条例等で規制がかかっている場合が該当します。

法や条例に抵触する場合は諦めるしかありませんが、意外と合法的な抜け道があったりするので、それを見つけられればチャンスになります。弁護士の先生や、該当する法律を所管する省庁に確認することで法律にひっかかるかどうかの見解をもらえたりします。

逆に、規制が緩和される時はチャンスになります。民泊が2018年6月に解禁された際には、こぞって民泊業者が増えました。民泊業者が増えることによって、スマートキーなどの需要も高まります。規制緩和が起きた時は、直接関係するビジネスだけでなく、周辺のビジネスも検討してみると、良い起業アイデアが見つかるかもしれません。

32

実現性⑥ 第5の壁「作っちゃダメ」

技術的にも法的にも問題なくても安心はできない

社会通念上、もしくは業界構造上の既得権益などで、作っちゃダメというのがあります。技術的にも作れるし、法規制もないけれど、作ってしまってはダメなこともあるのです。それは社会通念上と言われたり、業界構造上特有の縛りであったり、既得権益を壊してしまう懸念があるものであったりします。

例えば、自動車で高速道路の速度制限が最高速度１２０km/hなので、車の性能自体を１２０km/h以上出ないようにしたら、ユーザーから非難を受けます。「作る理由はもっともだけど、それは作っちゃダメでしょ！」とユーザーは思います。

❯既得権益絡みは特に要注意

特に、既得権益がある場合は注意が必要です。既得権益絡みは既得権益を受けている人たちが、業界構造の変化を嫌がって反対勢力となります。そうなると、知名度のないベンチャー企業は成長に苦労します。

このような場合はいかに既得権益者の理解を得られるか、巻き込めるか、win-winになれるか、といったことを考える必要があります。

社会通念上作ってしまってはダメなこともあるので、そのようなビジネスの場合は進め方に注意しましょう。どのような背景があり、どうしてないのかを把握した上で、どのように進めれば実現できるのかを考えましょう。

33 実現性⑦ 第6の壁「ニーズがない」

机上では検証できない大切なこと

これまで見てきた5つの壁は机上（ネット検索や各種問い合わせ等）で検証できる内容です。これらはどれも調べれば大丈夫かどうかの白黒が付きます。もしくは、ダメな場合はどのようにやればこれらの壁を乗り越えるか、対策を考えることができます。

しかし、第6の壁「ニーズがない」は机上での検証が難しいものになります。理由は、答えが明確にないからです。例えば法整備であれば法律に抵触するかどうかは判断できますが、ニーズがあるかどうかはお客様の声を聞いてみるまでわかりません。

つまり、第6の壁「ニーズがない」とは、あなたの考えた起業アイデアが、お客様に受け入れられずお金を払う価値がない、と見なされることです。このニーズはお客様に直接確認する必要があります。

よって、ニーズのあるなしは、明確な答えがない中で実際に顧客にアプローチするという行動が求められます。そして、このニーズを検証することが、あなたの事業が成長できるか失敗するかを左右する大きなプロセスになります。

すごく重要な箇所であるため、次章で詳しく説明をしていきます。

第4章

顧客ニーズの把握の仕方

どんなに考え抜いたビジネスプランも、実際にやってみると意外とうまく行かないもの。そのような事態を避け、起業を成功させるためには、起業アイデアを机上で終わらせず、しっかりと顧客ニーズを確認して、プランを検証しておく必要があります。

1 顧客ニーズ把握のプロセス

顧客ニーズは4つのプロセスで把握する

顧客ニーズ把握のプロセスは以下になります。

①ターゲットを明確にする
②顧客が課題を抱えているか、現状の対策は何かを確認する
③商品・サービスを評価してもらう
④事業拡大の仕組みを作る

順に詳しく見ていきましょう。

①ターゲットを明確にする

最初はターゲットを選びます。起業アイデアの「誰の」の箇所でターゲットを決めたと思いますが、ヒアリングをするターゲットはもっと細かく設定します。

よく「ペルソナ」と言われるものになりますが、ターゲットの属性やライフスタイル等を詳細に設定して、具体的にどんな人が顧客になりえるかを明確にします。

②顧客が課題を抱えているか、現状の対策は何かを確認する

ターゲットが明確になったら実際にヒアリングを実施します。

最初におこなうことは、あなたが想定した「何を（課題）」について確かにターゲットが悩んでおり、解決したいと思っているかどうかを把握することです。そもそも課題を抱えていない可能性もありますし、内容によっては我慢することがベストな解決策で、課題を解決したいと思っていない可能性もありえます。

そして、課題を解決したいとわかったら、次は現状の対策を確認します。現状の対策を確認することで、あなたの解決策の代替可能性（乗り換える可能性）を探ることができます。この時に、現状の対策にいくらのお金を払っているかもポイントになります。

③商品・サービスを評価してもらう

現状の対策を確認できたら、次はあなたの商品・サービスを試してもらい、評価してもらう番です。商品・サービスを利用してもらい、一定の評価と継続性が得られれば、あなたの解決策は顧客に受け入れられていることになります。一般的に、「プロダクトマーケットフィットの達成」という表現をします。これで0→1が成功したことになります。

④事業拡大の仕組みを作る（ユニットエコノミクス）

最後に、事業拡大の準備をします。

事業拡大のためには、顧客を獲得するたびに収益が上がる仕組みと、それを実現できる再現性が重要となります。市場へ浸透させていくため、再現可能な商品・サービスを展開して、採算が取れるかどうかが重要となります。これは事業拡大のために重要な概念となります。

この流れを踏むことで顧客ニーズを把握できます。

ニーズ把握の過程でさまざまな気付きが得られる

なお、この顧客ニーズの把握は、非常に重要なプロセスとなります。この顧客ニーズを把握できるかできないかで、あなたの起業アイデアが日の目を見るか見ないかが決まります。

そして、実際に顧客ニーズの把握をしていくと、さまざまな気付きが生まれ、別の良いアイデアが閃いたりします。また、当初考えていたアイデアではうまく行かなくても、少し変えるとうまく行く可能性も出てきます。

このような思考のプロセスは起業アイデアに想いを持った「あなた」以外できません。たいへん手間のかかるプロセスですが、これこそ起業アイデアを事業化するための一番重要なプロセスになります。自分自身で顧客ニーズを把握しましょう。

2

ターゲットの明確化①ペルソナ

ターゲットが広すぎると適切なヒアリングをできない

個客ニーズを把握するためにはターゲットを明確にする必要があります。

少し復習になりますが、ターゲットとは、あなたのビジネスで幸せにしたい人、喜んでくれる人でした。第2章の起業アイデアの創出で「誰の」を決めたかと思います。

しかし、顧客ニーズを把握するプロセスにおいては、第2章で決めたターゲットでは不十分です。ターゲットを「30代の男性会社員」としても、対象顧客が広すぎて適切なヒアリングをすることができません。ひとくちに30代の男性会社員と言っても、結婚して世帯を持っているか、独身かでも違いますし、年収が300万なのか1000万なのかでも、抱えている課題や欲求は変わってきます。

例えば、あなたが新しい車の開発をするとします。車にはさまざまな形やサイズ、機能があります。セダンやワゴン、バン、キャンピングカーなどです。これらの中から何かを作ろうとした時に、「30代の男性会社員」だけではターゲットが広すぎます。30代男性でも妻や子供がいるのか、居住地はどこか、趣味は何かなどによって、求める車は変わってきます。

都心の郊外に住んでいて、本人は電車通勤、奥さんがたまに買い物で車を使う程度であれば、維持費が安くコンパクトな軽自動車が良いでしょう。地方に住んでいて、休日は家族でアウトドアを楽しむ30代男性会社員であれば、ワゴンが良い可能性が高くなると思います。

典型的な顧客像を明確にしよう

このように、ターゲットによって求める車が違ってくるため、よりターゲットを具体的にする必要があります。その具体化したものが、ペルソナです。

ペルソナとは、あなたが提供するプロダクトの典型的な顧客像です。ペルソナが具体的であればあるほど、ヒアリングする対象が明確になり、顧客ニーズの把握の検証がしやすくなります。

ですので、顧客ニーズを把握する際には、ヒアリング対象となるペルソナを明確にすることが最初のステップになります。

3

ターゲットの明確化②ペルソナを決めない危険性

身近な人に相談するのは危険

適切な顧客（ペルソナ）に適切な質問をしないと、顧客のニーズは把握できません。

「そんなことは当たり前だ」と思うかもしれませんが、実際にビジネスになると意外とできない方が多いです。

多いパターンは、身近な人に相談してしまうケースです。

ペルソナを明確にした上で、そのペルソナとなる人が身近にたまたまいるから相談するというなら問題ありませんが、ペルソナではない人なのに、身近で話しやすいからという理由で相談すると危険です。

ペルソナでない人は嘘をつく

なぜかと言うと、ペルソナでない顧客（特に身近な人）は「嘘」をつくからです。

誤解のないように言うと、彼らは意図的に嘘をついているわけではなく、嘘をついているという認識もなく、むしろ、あなたのためを思って「嘘」をつきます。

皆さんも経験があるかと思いますが、知り合いに何か相談されたら、親身に答えると思いますし、何かしらのアドバイスをしてあげたいと思うでしょう。相談内容について一般的なレベルの知識しか持ち合わせていなくても（むしろその知識がなくても）、相談されたら何かしらの考えや意見を伝えると思います。

それと同じように、あなたが考えた商品やサービスについて意見を聞かれた身近な人にも、「何かしら相手のことを思ってアドバイスしてあげたい」という心理が働きます。

そして、彼らは「嘘」をつくのです。例えば、「すごくいい、これは間違えなく売れるよ」とか「もっとこの機能をこのように変えた方が売れるよ」とか言ってくれます。

しかし、このような意見はあくまでその人の意見であって、あなたがターゲットとしている顧客の声ではないのです。参考にする程度であれば良いですが、それを鵜呑みにして商品・サービスの機能やコンセプトを変えてしまうと失敗します。

4

ターゲットの明確化③ 言葉通りに受け取るべきでない4つの意見

❯こんな発言には要注意！

ヒアリングの際には、これから説明する発言が相手から出てきたら要注意です。以下、参考にして顧客の意見を見極めて、間違った意見を取り入れないようにしましょう。

①「それいいね、売れるよ」

素直に受け取らないようにしましょう。特に身近な人であれば、商品・サービスの機能よりも「あなただから」という理由でそう発言している可能性があります。身近な人の場合は、例えば「（自分ではなく）知り合いがこのような商品（サービス）を考えているのだけど、どう思う？」というように、「あなた」というバイアスを除いてヒアリングすることがポイントです。

一方、身近でない人からこのような発言があったら、「どこがどうして良いのか」、また「それによりどのような課題を解決できるのか」を深掘りしてヒアリングすることで、本当のニーズを探れます。しっかり「売れる」と思った背景や理由を確認しましょう。

②「もっと○○すれば売れるよ」

この発言は、あなたの商品・サービスをより良くするためのアドバイスを指します。

シンプルさや簡易さを追求する場合を除いて、多くの商品やサービスでは、機能を増やしたり、性能アップしたりするのに越したことはありません。そのため、多くの人は機能を追加するアドバイスを提案してきます。

しかし、実際にその機能が本当に必要か、最初の段階で備わっていないとダメなものなのかというと、そうでないことも往々にしてあります。

例えば、プリントシール機（通称「プリクラ」）は1995年に販売開始され、今でもゲームセンター等で人気の商品です。プリクラとはその場で撮った写真をシールにする機械です。販売当時は写真をシールにするだけでしたが、今では文字や絵を加えたり、美白にしたり目を大きくしたりと、さまざまな機能が付いています。

もちろん、販売当初から絵を描き入れられる機能があれば当然に良いわけですが、新しいものである場合は、そもそもシール付きの写真にニーズがあるのかを検証する必要があり、余剰な機能は必要ありません。もし、ニーズがなければ、余分な機能を開発するコスト自体が無駄になるからです。

お金をいくらでも投資できる場合は別として、新しいビジネスをやる場合は、これまでになかったコアな価値の部分にフォーカスして、その機能が顧客に受け入れられるかを見極める必要があります。

ですので、「●●の機能を追加したらどうか?」といったアドバイスをもらった場合は、「その機能はコアな部分かどうか?」「揃えるべきことか?」をしっかり見極めましょう。当然に、顧客一人の意見ではなく、複数の意見を参考にしましょう。

③「これはニーズないでしょ」

このアドバイスも危険です。ニーズがあるかないかはターゲットに確認をしてみて初めて判断できることになります。「いいね、売れるよ」と同じように、その発言の根拠や理由をしっかりと確認しましょう。

ニーズがない理由の根拠が不明確な場合はもちろん、「これまでに世の中に存在していなかったからニーズがないと言っているのか」「相談した相手自身が単にその商品・サービスの必要性を感じていないのか」「常識的に売れないものと考えているのか」を把握しましょう。

ビジネスはやってみないとわかりません。特に、これまでになかった新しいことをやる場合はなおさらです。

例えば、「離婚届を売りたい」と誰かに相談してみたら、「いや、そんなもの売れないよ！」と言われてしまうでしょう。しかし、メルカリには「離婚届」や「ペットボトルの蓋」が出品されて、さらに「Sold Out（購入済み）」となっています。つまり、ニーズがあるということです。

このような事実を考慮すると、ターゲットをしっかりすれば、海岸に落ちている石も売れるかもしれません。

「常識としてありえない」「これまでに存在しなかった」「単なる個人の好み」といった意見で「この起業アイデアの価値がない」と間違って判断しないように気を付けましょう。

④「既にその商品・サービスはあるよ」

この発言は、ある意味、嬉しいフィードバックです。

なぜかと言うと、競合の商品・サービスに気付かせてくれるヒントになるからです。あなたが新しい商品・サービスだと思って相談した際に、「これと一緒でしょ」と言われた場合は、以下の2つを疑ってください。

・本当に同じものがある
・同じものではないが、違いが伝わっていない

本当に同じものがあったら、第2章の「起業アイデアの作り方」に戻って改めて起業アイデアを考えてみてください。

ただ、まったく同じものであっても商品・サービスを提供する商圏（ターゲットの違い）によって、別の起業アイデアになるので、起業アイデアの5つの切り口に分けて「5つの切り口すべてがまったく同じものか」で判断してください。

例えばコンビニは人口密度にもよりますが500メートル範囲に同じコンビニがなければ商圏は別として捉えていますし、海外の商品を日本に持ってくる場合もターゲットが違うので違う起業アイデアになります。

一方で、同じものではないが、違いが伝わっていない場合は、あなたが違いをしっかり説明できていない可能性が高いです。これは非常に有意義なフィードバックになります。説明したけれど「同じもの」と認識されてしまうということは、他の多くの人にも同じようにあなたの新しい起業アイデアが「既存のものと同じ商品（サービス）」として捉えられてしまう可能性が高いということです。

同じものと認識されてしまうと、いくら違うものであっても、顧客に注目されなくなってしまいます。

この場合は「どこがどのように違うため、解決できる課題も違っている」と、より明確に簡潔に説明できるようにする必要があります。

同じものがあるという意見で諦めないで、「どこが違うのか」「違いは見出せないか」「伝え方は間違っていないか」を改めて検討してみてください。

5

ターゲットの明確化④ アンケートを取る際の注意事項

アンケートを取る際は、属性をしっかり切り分ける

もうご理解はいただいていると思いますが、よくある間違った顧客ニーズの把握方法にアンケートがあります。

アンケートはやり方によっては多くの人の意見を短時間で集められますが、対面とは違ってやりとりができない上に、設問によって聞きたいことと答えとの認識が相違したり、設問の意図を汲み取れなかったり、細かなターゲット属性を把握するのが難しかったりします。

特に、適切な顧客からの声が一番重要ですが、うまく回答者の属性（年齢や性別、職業、年収、趣味、ライスタイルなど）を切り分けられずにターゲットがごっちゃになってしまうと、せっかくアンケートで回答してもらっても、参考にすべき意見か参考にする必要のない意見か

が判断できなくなってしまいます。

例えば、「資産ゼロから起業するノウハウ」というテーマの起業セミナーの参加者にアンケートを取るとします。セミナーの内容は、資産（例えば貯金）がなくてもリスクを減らしながら小さくビジネスを始められるノウハウを経営者に伝えるものとします。

基本的には、この参加者は貯金があまりないが起業してみたい人をターゲットにしているので、資産がない人ほど納得できる内容になります。

しかし、親がお金持ちで起業に失敗しても親のお金があるからリスクがないという参加者がいて、アンケートで「満足できなかった、不満点は〇〇」と記入したとしたら、どうでしょう？

親の資産がある人とない人とでは「資産ゼロの起業ノウハウ」の認識に違いが出てきます。しかし、アンケートには「両親は資産家ですか？」なんて設問は入れられないため、結果、講師は間違った顧客の声をセミナーの反省として受け入れて改善しようとしてしまうかもしれません。

アンケートは適切な顧客の回答を引き出せてこそ意味があります。アンケートにはこのようなリスクが潜んでいることを認識した上で、属性をしっかり切り分けてターゲットが明確にできるような設計を心がけましょう。

6 ターゲットの明確化⑤ ヒアリングすべき適切な顧客

人は5つのグループに分けられる

では、具体的にどのような人が適切な顧客なのでしょうか？

それを知るために、まず、イノベーター理論を説明します。

イノベーター理論とは、新しいアイデアや技術がどのように世の中に普及するのかを説明した理論になります。1962年にスタンフォード大学のエベレット・M・ロジャーズ教授が『イノベーション普及学』という著書の中で提唱しました。

この理論では、時間の経過とともに採用する人の群を5つのグループ、イノベーター、アーリーアダプター、アーリーマジョリティ、レイトマジョリティ、ラガードに分けています。

・イノベーター（革新者）……新しいアイデアや技術を最初に採用するグループで、目新しさで採用を決定する。
・アーリーアダプター（初期採用者）……採用時期が2番手のグループで、プロダクトそのものの良さを判断して採用を決定する。
・アーリーマジョリティ（前期追随者）……アーリーアダプターが採用してから採用する一般的なグループで、アーリーアダプターが使用していることを1つの判断軸として採用を決定する。
・レイトマジョリティ（後期追随者）……平均的な人が利用して一般的に広がってから採用するも、基本的には導入に懐疑的なグループ。

イノベーター理論

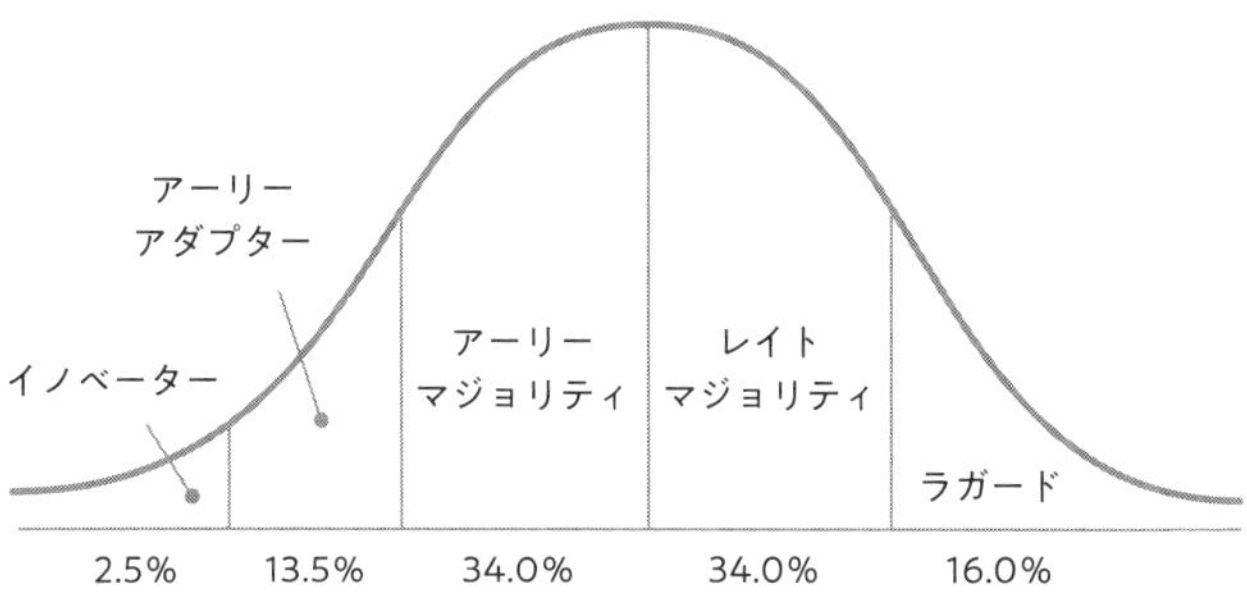

・ラガード（遅滞者）……もっとも採用に懐疑的な、変化を嫌う、旧来のものを使い続けるグループ。

そして、イノベーターは市場の全体の2・5％を占めており、ラガードは市場の16・0％を占めているとされています。

❯ヒアリングすべきはアーリーアダプター

このイノベーター理論を元に考えると、アーリーアダプターが適切な顧客（ペルソナ）です。なぜなら、アーリーマジョリティ、レイトマジョリティ、ラガードは他人が使っているのを見てから導入を決定するグループなので、この人たちにいくら良いプロダクトを提供しても導入に至らないからです。さらに、初期で導入することは検討しないのに、機能についてアドバイスをする評論家のような行動をします。「ここはこうするべきだ」といったことです。しかし、そのアドバイスに従って改良しても採用しないのがこのグループになります。

また、イノベーターも適切な顧客ではありません。イノベーターは新しいものであれば取り入れる傾向にあるため、本当の意味であなたが提供するプロダクトを評価しているわけではありません。目新しさが導入の１つの基準となるため、本当にあなたのプロダクトを欲しているとは限らないのです。そのため、彼らの意見は本当の顧客ニーズとは必ずしも一致しない可能性があります。

これらに対してアーリーアダプターは、周りの意見に左右されず、自分自身がそのプロダクトを欲しいか欲しくないかで採用を判断します。課題を解決することを切望しており、プロダクトの多少のマイナス面も許容できる層になります。ですので、アーリーアダプターを意識してペルソナを作ることが重要なのです。

7 ターゲットの明確化⑥ ペルソナの決め方

ペルソナを具体化するための主な切り口

では、ペルソナを具体化していきましょう。

ペルソナをどこまで細かく定義するかは、競合他社との兼ね合いで決まります。それこそ、携帯電話がない時代でしたら「どこでも目の前にいない人と瞬時にコミュニケーションが取れる」というコアな解決策で十分でしたので、20歳から70歳の人といったレベルの顧客でよかったですが、今日のようにさまざまな携帯電話（スマートフォンを含む）が出ている場合は、より具体的なペルソナが求められます。

例えば、「40代男性で、年収1000万から3000万円の人で、メインに使う携帯を1台持っており、大きなカバンを持ち歩かない人」とすると、カード型のスリムな携帯電話となるかもしれません。
ペルソナは以下の切り口などで細分化しましょう。

・氏名　・年齢　・性別　・住まい　・年収　・趣味　・特技　・職業
・仕事内容　・所属（コミュニティなど）　・業務内容　・世帯（家族構成）
・学歴　・好きな●●　・ライフスタイル　・価値観　・よく見る媒体
・よく使うSNS　・課題の背景

注意点としては、これらの切り口に制限されず、あなたの起業アイデアを求める人がどのような人なのかを考えて、必要な要素を追加することです。

具体的な誰かをイメージするのがコツ

なお、ペルソナを明確にするコツは、具体的な誰かをイメージすることです。

起業アイデアの「誰の」を考える際に、具体的な誰かをイメージしたり、もしくは自分自身を対象に考えたと思います。その時考えた対象が具体的にどのような人物かを深掘りします。

課題（ニーズ）の背景には、その人が置かれている環境が影響したり、課題を抱えている結果、何かしらの行動が引き起こされていたりします。ですので、具体的な人をイメージしてペルソナを深掘りしてください。

例えば、「ペルソナは同僚の田中さん」とすることで、田中さんがどのような人なのか、属性やライフスタイルなどを明確にしやすくなります。自分自身がターゲット顧客であれば、「自分自身はどのような属性の人間か」を考えることでペルソナを明確にしやすくなります。

8 ターゲットの明確化⑦ ペルソナへのアプローチ方法

主なアプローチ方法は3つ

ペルソナが明確になったら、次はペルソナにアプローチします。ペルソナへのアプローチ方法に正解はありませんが、ここでは主なアプローチの仕方をお伝えしましょう。

①ペルソナが集まる場に行く

ペルソナがどのような職業か、ライフスタイルか、趣味は何か、所属するコミュニティは何かなどを明確にすると、その人がどこにいるのかをある程度想定できます。

例えば、ランニング時に使用する商品・サービスだとすれば、皇居の周りを朝もしくは夕方訪れれば、顧客となるランニングをしている人に会えるでしょう。皇居にいけなくても、近くの公園とか、ランニングがおこなわれる場があるはずです。

また、世の中にはさまざまなイベントがおこなわれているので、そこに参加するのも良い方法です。起業家を探したいのであれば、経営セミナーに参加すれば出会えますし、システムエンジニアに会いたければ、そのような勉強会に参加すれば出会えます。

ターゲットの趣味・嗜好・ライフスタイル等を考えて、その人たちが集まる場へ足を運んで、声をかけていきましょう。

②SNSを活用する

フェイスブックやツイッターで「○○な人を探しています」と投稿するのも良い方法です。

昔、テレビで「6人目（5人に仲介してもらう）で世界中の誰とでも繋がれるか」を実験して検証していた番組がありましたが、その概念が実際に実証されているようです。「6次の隔たり」と言われるもので、知り合いを5人辿れば世界中の人と繋がれるというものです。

補足しますが、起業アイデアの検証は有名人と繋がりたいわけではなく、ペルソナとなる一般の人と繋がるのが狙いなので、SNSを活用することで間違いなくあなたが希望するペルソナに出会うことができます。

③身近な人に紹介してもらう

ＳＮＳと同様に、人伝いにペルソナを探す方法です。

イベント会場へ行っても声をかけにくい場合もあるかと思います。そこで実際の身近な人を伝ってペルソナを探していきます。

例えば、会社の同僚や家族、知人など、「〇〇（属性）な人が知り合いにいないか」を聞いてみましょう。意外と聞いた人自身が対象であったりするかもしれません。

または、学生がペルソナならあなたの学生時代の恩師に繋いでもらったり、同級生から学生時代の先生に繋いでもらったりと、いろいろなやり方ができます。

必ずペルソナに繋がれますので、諦めずにどうすれば、誰なら繋がれるかを自分が持つネットワークを見て考えてみてください。

ターゲット（ペルソナ）は芋づる式に！

上記のような方法でターゲットを一人捕まえたら、芋づる式に捕まえましょう。

どういうことかというと、一人目のターゲットに声をかけられたら、その人から別の人を紹介してもらうようにします。同じ趣味の人や似たようなライフスタイルを送っている人が身近にいることが多いからです。

また、1回ヒアリングして終わりではなく、その後も何度もヒアリングができるように、関係を築いておきましょう。ターゲットは当然にあなたの商品・サービスを使う可能性のある将来のお客様なので、もし、あなたがその人の課題を解決しようと取り組んでいるのであれば、進んで協力してくれるはずです。

❯課題ありきの探し方はNG

なお、ペルソナを探す際は、「○○のような課題を抱えている人」を探すのではなく、「○○をしている人」「○○の状況にある人」というように属性で探します。あくまで課題ありきにならないようにしましょう。

例えば、あなたのビジネスが、ランニング中に荷物の保管場所に困るランナーの荷物保管を提供するサービスだとすると、「ランニング中に荷物保管に困っている人」という探し方ではなく、「ランニングをしている人」で探します。

当たり前ですが、困っているかどうかを判断するため、ペルソナの仮説として「○○の人」は困っているだろう、と想定して「○○の人」を探すようにしましょう。

9 顧客の課題の確認①課題確認の流れ

あなたのビジネスにニーズがあるかどうかをヒアリングしよう

これまでのプロセスでは、起業アイデアを想像して、ビジネスの視点を加えて、アプローチする顧客を考えてきました。これより先は、実際に顧客に会ってニーズがあるかどうかを確認するプロセスになります。

顧客ニーズの確認のフローチャートは下図の通りとなります。次項より、順に詳しく見ていきましょう。

顧客ニーズ検証のフローチャート

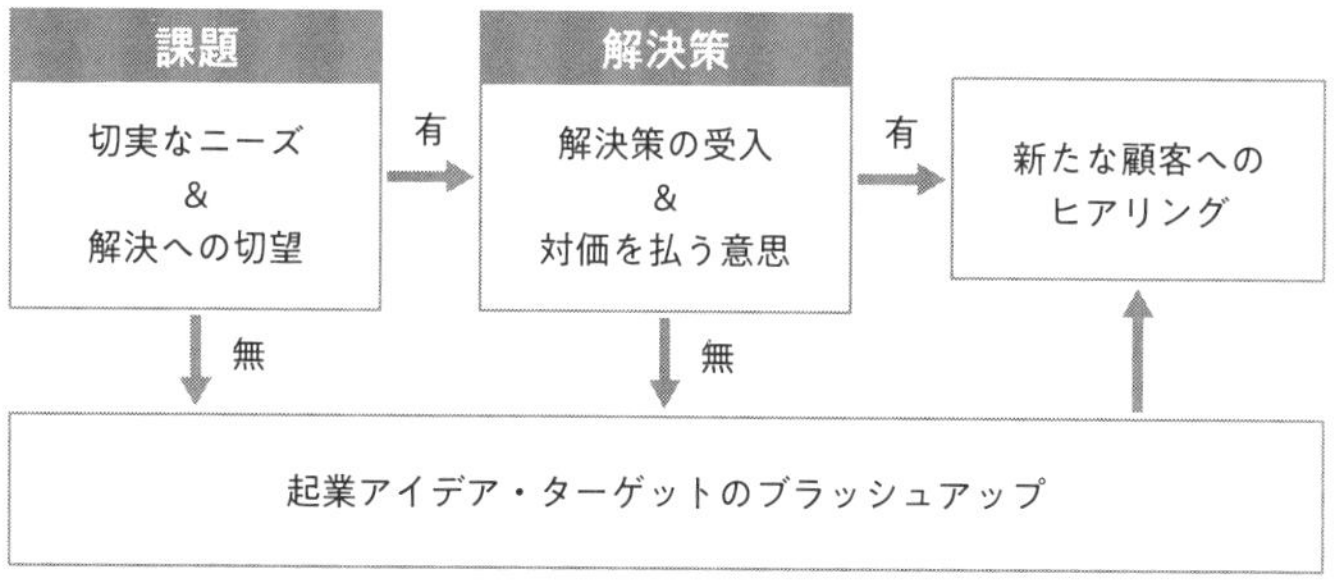

10 顧客の課題の確認②課題の有無の確認

❯他の人も同様の課題を抱えているとは限らない

まず、「ペルソナが課題を抱えているか」をヒアリングします。ここまでの起業アイデアは、あくまでもあなたの推測、もしくはあなた自身だけの課題に基づいたものになります。そのため、実際にこの課題を他の人も同様に解決したいのかを確認していく必要があるのです。

ペルソナの設定次第で、ターゲットが課題を抱えているかは変わってきますが、理論上は同じ状況の人であれば同じように課題を抱えて、解決したいと思っていることになります。ですので、課題を確認しながら、具体化したペルソナの精度を上げていくことが重要です。

なお、課題の存在を確認するということは、2つの確認になります。

「そもそも課題が存在するかどうか」と「本当にその課題を解決したいかどうか」です。

11 顧客の課題の確認③「課題がない」となる4つのパターン

パターンに応じて改善策を考えよう

あなたが想定したペルソナに、「●●で困ってないか」「▲▲を望んでいないか」を確認しましょう。

ここで「課題がない」となったら4つのパターンが考えられます。

①そもそも世の中に課題が存在しないパターン

この場合、世の中にない課題（もしくは小さすぎてどうでもいい課題）を設定したことになります。この場合は起業アイデアから見直す必要があります。

②ペルソナが間違っていたパターン

課題は良かったがその課題を抱えるペルソナ設定が違っていたという状況です。この場合はペルソナ設定を見直します。

③あたるペルソナを間違ったパターン

ペルソナはあっているが、ヒアリングした顧客が間違っていたという状況です。この場合は、あたる先を見直します。

④聴き方が間違っていたパターン

この場合、表面的に見える課題ではなく、本質的な課題を深ぼりする必要があります。

例えば、あなたのサービスがおしゃれさを提供するプロダクトを考えていたとして、都心で働く年収300万円以上500万円以下の独身女性をペルソナとして、ヒアリングしたとします。

ここで数人の女性から「おしゃれに興味がない」という回答があった場合、「この課題は世の中にない」としてしまうのは間違いです。「面倒」「お金がかかる」「時間がかかる」「流行に敏感にならないといけない」などの理由を一言で「おしゃれに興味がない」と言っている可能性があるからです。その場合、決しておしゃれに興味がないわけではないのです。面倒でなければ、お金がかからなければ、おしゃれはしたいのです。

数人にヒアリングしてみて「課題がない」となったら、あなたの起業アイデアがこれらのどれに該当するかを意識して改善策（起業アイデアを見直すのか、対象を変えるのか、聴き方を変えるのか）を考えます。

一方で、課題がある、ペルソナが課題を抱えている、とわかったら次の「課題を解決したいかどうか」のヒアリングに移りましょう。

12 顧客の課題の確認④ 課題の有無のヒアリングのポイント

行動、感情、背景の3つのポイントがある

時間軸のプロセスで、行動と感情を把握します。そして、そこにある背景をヒアリングします。感情と行動の裏には、必ずその行動や感情を伴わせる背景があるからです。そして、その背景に課題を解決するヒントが隠れています。

つまり、課題があるかどうかをヒアリングするポイントは3点。行動、感情、背景です。ここでは電車乗車中に電話がかかってきた場合を例にして考えていきます。

- ステップ1：行動を知ること

最初はペルソナの行動を把握します。

人間は、何かしらの課題を持っているから行動をしています。例えば、「歩く」という行為1つを見ても、「目的地へ行きたい」「ダイエットしたい」などの課題があるからです。

ですので、まずは外面から見える行動を知ることから始めます。

例えば、電車に乗車中の会社員の携帯に電話がかかってきました。ポケットから携帯電話を取り出して画面を確認しました。そして、ボタンを押し始めました。どうやら電話に出ることなくメールで返事をしているようです。

これが行動になります。

・ステップ2：感情を知ること

行動には何かしらの感情が伴っています。その感情を確認するのが次のステップです。感情は、行動を取った際に感じた思いをヒアリングして確認します。

先ほどの例の場合では、電車の乗車中に電話がかかってきたが出ることができなかったので、「残念に思う」「重要な電話かもしれないと心配になる」などマイナスの感情を抱くと思います。人によっては「（上司の）出たくない電話に出ずに済んだので良かった」というプラスの感情を受けるかもしれません。

・ステップ3：背景を知ること

その行動や感情を伴う背景を確認します。

背景には課題を解決するヒントが詰まっています。

背景は、「なぜこのような行動をしているのか」を聞くことで見えてきます。

例えば、「電車乗車中にかかってきた電話に出ない」という行動の背景には、「電車内では電話をしてはいけない」というマナーがあります。電車の中で通話すると自然と大きな声になり周りの迷惑になるからです。

つまり、電車の乗車中に電話がかかってきた場合、本当は出たいけど出られないことでマイナスの感情が生まれますが、周りに迷惑になるというマナーの問題で電話ができない（解決できていない）状態となっています。

このように、行動→感情→背景を確認することで、課題を明確に把握できるようになります。

課題の有無をヒアリングする3ステップ

13 顧客の課題の確認⑤ 本当に解決したい課題かを確認する理由

課題を解決したいと思っていない場合もある

本当に解決したい課題かどうかは非常に重要です。

なぜ解決したいかを確認するのかというと、課題を必ずしも解決したいと思っていない場合があるからです。

例えば、寒い中でも女子高生がスカートに素足でいたりしますが、彼女らは「寒い」という課題を解決したいとは思っていない。正確に言うと、寒いのは嫌だけど、可愛さを失うのはもっと嫌だから、寒さを我慢するのです。

❯深い課題を見落とさないようにする

また、本当に解決したい課題というのは、表面的な課題でなく、より深い課題です。課題は何層にも分かれているので、目に見える部分の表面的な課題だけを捉えて、深い課題を見落とさないようにすることが大事です。

例えば、睡眠時無呼吸症候群で困っている人は、専用マウスピースを購入したりしますが、「寝ている時に気道を確保できない」のが課題ではなく、「睡眠時無呼吸症候群が治療できない」のが課題になります。つまり、「夜寝る時に気道を確保する」のが解決ではなくて、「睡眠時無呼吸症候群の治療」が解決になります。

課題を確認する時は、それを本当に解決したいと思っているのか、また、それが本質的な課題であるかどうかを把握することが大事です。

14 顧客の課題の確認⑥ 本当に解決したい課題かの確認方法

現状の対策を把握することで判断できる

本当に解決したい課題かどうかは、現状の対策を把握することで判断できます。現状の対策とは、顧客がその抱えている課題に対して現状行っている対処法になります。

現状の対策を把握することが重要な理由は3つあります。

①抱えている課題を解決したいかどうかを把握できる

課題を感じており、それを解決したいと思っている人は、何かしらの対策を既に取っています。つまり、現状の対策を確認することで、課題を解決したいと思っているかを把握することができます。

②代替の可能性を探れる

現状の対策の問題点の把握や、より良い解決策を提案するための参考にできます。

逆に、現状の対策を知らずに提案すると、どこがどう優れているのかを比較して説明することができなくなります。

あなたの商品・サービスに乗り換えしてもらうためにも、現状の対策の把握は必須になります。

③あなたが提供する商品・サービスの価格設定の目安となる

既存の対策に払っているお金は、あなたの商品・サービスに払っても良いお金になります。

あなたの商品・サービスが現状の対策よりも優れている場合、少なくとも現状の対策に支払っている金額をあなたの商品・サービスに払ってくれる可能性が高いことを意味します。

15 顧客の課題の確認⑦ 現状の対策を確認するためのヒアリング事項

現状の対策を確認するヒアリングの4つのポイント

現状の対策を確認するために必要なヒアリングは「現状の対策そのもの」「その対策を選ぶ理由」「それに払っている金額」「現状の対策の満足度」の4つになります。順に詳しく見ていきましょう。

①現状の対策の把握

現状の対策の確認は、「課題に対してどのような対策をおこなっているか」を質問することで把握できます。課題に対して何をおこなっているのかを聞けば教えてくれます。

なお、「何もしていない（我慢している）」も立派な現状の対策になりますので、しっかり把握するように注意してください。

②その対策を選んでいる理由

現状の対策を把握できたら、次はそれを選んでいる理由を把握します。その人がいろいろな商品・サービスを比較して選んでいるのか、他の対策を知らずに何となく選んでいるのかを把握します。

また、「何もしていない」という対策を取っていた場合は、なぜ何もしていないのか理由を把握します。例えば、本当は対策を取りたいけど、既存の世の中にある対策の値段が高すぎてお金を払えないだけかもしれません。もしくは、お金を払うくらいなら、払わないで我慢できる程度の課題と感じているかもしれません。

③対策に支払っている金額

対策に払っている金額を確認します。

これは先ほど述べたように、あなたの商品・サービスにかけられる金額を意味しています。ターゲットは抱えている課題を解決するためにより良い方法であれば、今払っている金額は新しい解決策に払っても良いと思っているはずです。

この金額を把握することで、あなたの商品・サービスの値決めの参考にできます。

④現状の対策の満足度

現状の対策の満足度の確認も重要です。

現状の対策に満足していない場合は、どこがどのように満足していないかを確認しましょう。そして、その不満点を解決策に盛り込むことを検討しましょう。

一方で、現状の対策に満足している場合は、どこがどのように満足しているのか、現状の対策から得ている価値を確認します。価値を把握することで、あなたの商品・サービスがそれを上回る価値を提供できるのかを考え、代替可能性を探れます。

例えば、車好きの人であれば、どんなに燃費効率が良かったり、耐久性が高かったりしても、必ずしも満足するとは限りません。燃費が悪くても、すぐに壊れてもレトロなクラシックカーを選ぶかもしれません。一方で、外見はレトロのまま、ハイブリッドエンジンに簡単に交換できるサービスがあれば、喜んで受け入れてくれるかもしれません。

このように、現状に満足している場合は、どのようなところに価値を感じているのかを確認して代替可能性を探りましょう。

16 顧客の課題の確認⑧ いきなり商品・サービスを見せるべきでない理由

先にプロダクトを見せると本当の声を聞きづらくなる

課題の確認をおこなう前に解決策の良し悪しを確認することは避けるべきです。そのため、課題の確認の前にプロダクトを見せることはやめましょう。

先に解決策であるプロダクトを見せてしまうと、課題の有無の前にプロダクトの良し悪しの話になってしまいがちになります。

また、バイアスがかかってしまい、顧客の本当の声を聞きづらくもなります。

例えば、課題は間違っていなくても解決策（商品・サービス）がイケてなくて否定されてしまうことが起こりえます。課題があるとわかれば解決策をどうするかにフォーカスできますが、商品・サービスを見せてしまうと課題と解決策それぞれの良し悪しを一緒に判断されてしまい、うまくヒアリングできなくなってしまいます。

時間やお金も余計にかかる

また、商品・サービスを見せるということはそれを作るということになります。

商品・サービスを作ることによって時間もお金もかかりますし、顧客の声を聞いて変更となったら、なお作ったものが無駄になってしまいます。

簡単に、時間がかからずに作れる場合は別ですが、時間やお金がかかるプロダクトの場合は、作るのを我慢して課題があるかどうかの確認を優先しましょう。

17

顧客の課題の確認⑨ 課題と併せて属性を確認すべき理由

最初に考えたペルソナとのズレを修正する

課題の確認と現状の対策の確認と併せて、その人の属性（ペルソナ）を確認します。課題を抱える人がどのような人か、ペルソナをより具体化することで、次のヒアリングをよりしやすくなります。

最初に考えたターゲット像とヒアリングしたペルソナの属性に相違があったら、それを修正してペルソナをより具体化させていきます。

わかりやすい例ですと、当初は女性がターゲットと思ってヒアリングしていたが、実は男性の方がニーズがある、といった場合があります。その際は、背景をしっかり確認した上で、課題を抱える人のペルソナを見極めていきます。

また、ターゲットでない人へヒアリングしてしまった場合は、なぜこの人はターゲットでないのか（あなたが考えた課題を抱えていないのか）を確認することで、よりターゲットを明確にするヒントをえることができます。

例えば、「子供がいる家庭」をペルソナにしていたけど、子供がいる家庭の何人かにヒアリングして「ニーズがない」とわかってきた場合なら、「子供がいる家庭」という要素をペルソナから除くことによって、よりターゲットを明確にできるようになります。

18 商品・サービスの評価①コアな部分に絞ってヒアリングするべき理由

総合力での勝負は大手有利

課題と現状の対策を確認できたら、次はその課題を解決する方法を検討します。

ここであなたの商品・サービスを顧客に確認して、顧客の課題を解決できるのか、選んでもらえるのかを確認します。

重要なのは、顧客が抱えている課題のコアな部分に絞って顧客のニーズを確認することです。競合と比較して総合的に判断して勝っているという状態を目指すのではなく、圧倒的に優位性のある部分に絞ることです。

次ページの図は競合A、Bに対して自社商品が総合的に勝っているパターンです。確かに大手企業がやる戦略としては良いですが、経営資源が乏しい起業家がやる戦略としては不適切です。大手のようにブランドがあれば総合的に良い商品で売れますが、無名の商品が総合的に良いと言われても説得力に欠け、ブランド力のある商品に勝るのは難しいです。

優れている部分に絞れば一点突破できる

一方で、次ページの図は、劣っている部分はあるけれど、ある一部においては優れているという商品です。総合的には劣るけれど、使い勝手の良さは徹底的に追求しているパターンです。このような商品にすることで、既存品の使い勝手を良く思っていない顧客をあなたの商品に乗り換えさせることが可能となります。

競合に圧倒的に優位なところに絞って、一点突破していくことがポイントになるのです。つまり、あなたが解決しようとしている課題について、競合他社のプロダクトよりも一番良い解決策を提供する、ということです。

やってはいけないプロダクト

商品	機能の多さ	使い勝手の良さ	値ごろ感	総合点
競合A	9	6	4	19
競合B	6	7	7	20
自社	7	7	7	21

理想のプロダクト

商品	機能の多さ	使い勝手の良さ	値ごろ感	総合点
競合A	9	6	4	19
競合B	6	7	7	20
自社	2	9	6	17

19

商品・サービスの評価②MVP

必要最低限の機能を持った製品で十分

コアな部分で一点突破をするのですが、そのコアな部分はどこかと言うと、起業アイデア3・0「コンペティターシフト」で競合からシフトした箇所です。競合からシフトした点がまさに差別化要素であり、既存の製品・サービスからの代替可能性を秘めたところになります。

ですので、競合からシフトした要素に焦点をあてて、顧客の意見を聞く必要があります。

その際、顧客の意見を聞くために必要なプロダクトがMVPです。

MVPとはMinimum Viable Product（ミニマム・バイアブル・プロダクト）の略で、必要最低限の機能を持った製品のことを指します。言い換えると、顧客の課題をピンポイントで解決する機能だけに絞って作られた製品となります。

例えば、スマホのアプリでサービス展開を考えている場合、ログイン機能や決済機能、画面の見栄え等は提供しようとする価値とは直接関係のない部分になります。顧客の課題を直接解決する価値となる部分の機能に絞ってプロダクトを作れば十分です。

ＭＶＰとなっていれば、あなたの起業アイデアが世の中に受け入れられるのかを十分に検証することができるのです。

❯意見を聞く前に作り込んでも、無駄になる可能性が高い

なお、もし検証するためのプロダクト製作に費用も時間もかからなければ、作り込むことに越したことはありません。あなたがプログラミングを得意としており、数日でできてしまうのであれば、作って実際に顧客に使ってもらって検証した方がより良いフィードバックをもらえます。

ただ、多くの場合はプロダクトを作り込むのに時間もお金もかかります。作り込んでから顧客ニーズを確認して方向転換（「ピボット」と言われます）が必要となってしまったら、それまでの時間とお金が無駄になってしまいます。

第2章の起業アイデア創出で競合からシフトして考えられたアイデアは、基本的には新しいビジネスになります。新しいビジネスで必要なことは、その解決策が受け入れられるかどうかです。受け入れられるかどうかを判断する前に、プロダクトを作り込んでも無駄です。顧客ニーズを確認できる最低限の機能に絞った試作品で確認しましょう。

20 商品・サービスの評価③ プロダクトを作るべきかの判断基準

プロダクトがなくてもニーズは確認できる

プロダクトはMVPにする必要がありますが、実は作らなくても良い場合もあります。プロダクトは一見しっかりと作らないといけないと思われがちですが、実際のベンチャー界隈の事業の立ち上げはいい意味でいい加減です。
いくつか例を挙げましょう。

例①SmartHR
従業員の入社などの面倒な労務手続きを一括管理できるSmartHRは、プロダクトを作る前に顧客ニーズの検証をしました。具体的には、サービスのイメージができる簡単な説明と会員登録ができるサイトからスタートしています。
そして、会員登録の件数が多かったことにより、このサービスにはニーズがあることを確信してプロダクトを作り込みました。

例②ファミワン

妊活サービスを提供するファミワンというベンチャー企業も、プロダクトを作り込む前に顧客ニーズを把握しました。妊活サービスのニーズを把握するため、コンセプトと実現できることを記載して会員登録を促したのです。

この時点ではサービスの中身は仮でしか作っていない状態でした。そして、会員登録を促してニーズを探った結果、当初イメージしていたプロダクト開発とは別の物に変更する気付きが得られ、不要なプロダクトを作ってしまうことを避けられたのです。

このように、顧客ニーズを確認するタイミングでは、プロダクトの画面すらない状況でも問題ありません。困りごとを解決できるイメージが湧くような画面や説明があれば、顧客のニーズを把握できる良い例になります。　プロダクトを作る必要が本当にあるのか、あなたの起業アイデアについても考えてみてください。

相手にコンセプトが伝わる最低限のレベルでプロダクトを作り込む

ただし、プロダクトを作らないで評価をしてもらう場合には、プロダクトがしっかり評価できるように説明できるような状態にする必要があります。

例えば、「お腹が空いたら、美味しい料理を食べたいですか?」と質問します。

この質問に対して、「食べたくない」という人はいないと思います。みんな「食べたい」と答えるでしょう。

でも、料理が何か、どのような味かによって、個々に答えは変わります。これだとどのような味の料理を食べたいのかがわからないので、顧客ニーズを把握したことにはなりません。

同じように、既存のものより使い勝手が良いとか、美しい、可愛い、かっこいい、といった感性を刺激するようなプロダクトの場合は、商品コンセプトだけを説明して、お客様が欲しがっていると言っても説得力がありません。

例えば、プロダクトがない状態で、「スタイリッシュな筐体の財布は欲しいですか?」と言われても、「スタイリッシュな筐体の財布は欲しいけど、見てみないと判断できない」というのが顧客の意見です。また、「使い勝手が良い」というのも同様です。

これらは、コンセプトだけで顧客に確認すると「欲しい」と言いますが、実際にそれをプロダクトが実現できるかどうかが重要となります。おしゃれでスタイリッシュなデザインと言うのは簡単ですが、それをモノでしっかり表現できるかがプロダクトの売れ行きに影響します。

そのような場合は、コアな部分を作り込む必要が出てきます。「美しいもの」と言えば美しさを表現しないといけません。「使い勝手が良い」と言ったら実際に使い勝手を体験してもらわないといけません。

つまり、コンセプトで十分伝わる場合は問題ありませんが、コンセプトでは伝えられない場合はコンセプトのコアな部分を作り込む必要が出てきますので、注意してください。

なお、ここでいうプロダクトを作り込む、とは、実際に形のある物を作る必要はなく、デザイン画であったり、使い勝手を示したスマホ画面のポンチ絵でも構いません。とにかく、相手が見てあなたのビジネスを理解できるモノであれば問題ありません。

21 商品・サービスの評価③ プロダクトの顧客への確認

フィードバックへの対処法は3つある

ＭＶＰを作ったら、これにより顧客が現状抱えている課題や、現状の対策の不満点を解消できるかをヒアリングします。繰り返しますが、重要なことは、顧客が抱えている課題を解決しているかということです。そこに焦点をあててヒアリングします。

では、顧客からのフィードバックがあった際の注意点をお伝えします。

・「今すぐ使いたい」

これはターゲットの課題と解決策がマッチしているパターンです。ターゲットの属性を把握して、ターゲットと課題と解決策の関連性をブラッシュアップします。

・「●●の機能があれば使いたい」

機能追加の提案がある場合です。本当にその機能の追加が必要かどうかの判断は、「ヒアリングしている対象が合っているかどうか」「捉えている課題が間違っていないか」「その機能が顧客の課題を解決するために必要な部分かどうか」という3点で判断します。また、機能追加が必要な背景を確認します。なぜ、その機能が必要なのかを把握することで判断の材料とすることができます。

なお、機能追加・変更をする場合は安易に判断せずに、何人かに確認して判断するようにします。

・「使いたくない（不要である）」

この場合も機能追加のパターンと同様に、「ヒアリング対象が間違っていないか」「捉えている課題が間違っていないか」「解決策が課題を解決するのに不十分なのか」を確認します。

また、使いたくない（不要である）背景も確認します。

さらに、ニーズのない顧客の属性を確認して、ターゲット像をブラッシュアップします。ニーズのない顧客像を明確にすることで、そのターゲットにあたった場合はヒアリングしないようにでき、効率化が図れるようになるためです。

22

商品・サービスの評価④払える金額感の確認

競合の価格を参考に

既に既存の対策に払っている金額は確認しましたが、ここでは実際のあなたの商品・サービスにいくら払ってもらえるかを確認します。

もし、あなたが想定している価格帯が顧客の意見とずれている場合、特に顧客が払っても良いと思う価格の方が低い場合は、価格が提供価値に見合っていないか、もしくは、価値をうまく伝えられていない可能性があります。多くの場合は競合他社の代替案の価格が比較対象となりますので、代替案を想定して受け入れる価格を検討していきましょう。

そして、最低でも10人に使いたいと思ってもらえるようにヒアリングを積み重ねましょう。プロダクトを改善する都度、その10人に協力してもらいフィードバックをもらいます。

23

商品・サービスの評価⑤ 市場への適合の確認

事業化にはプロダクトマーケットフィットの達成が重要

ヒアリングによって課題に対する解決策が受け入れられたら、次はあなたの商品・サービスが市場に受け入れられるかを検証します。

「商品・サービスが市場に適合しているか」をスタートアップ界隈ではプロダクトマーケットフィット（Product Market Fit）と表現します。プロダクトマーケットフィットを達成できたかどうかが、起業アイデアから事業化の0→1に一番重要なことになります。

では、あなたの商品・サービスを使い続けてくれるターゲット層がいるのかどうかを把握しましょう。

課題に対する必要最低限の機能を提供するプロダクト（MVP）で顧客ニーズの検証ができた

ら、実際にその機能を備えたプロダクトをターゲットに使ってもらいます。そして、その顧客からフィードバックをもらうことでプロダクトマーケットフィットが達成したかを判断します。

プロダクトマーケットフィットの達成基準

プロダクトが市場に受け入れられたかどうかに明確な答えはありませんが、一般的には3つの方法で確認します。

①ヒアリングする

使用してもらっている顧客に「この商品・サービスがなくなったら困りますか」と聞いて、「困る」と回答した割合が40％以上かどうかを見ます。

買い切りで継続的に使用状況が確認できない場合は、このヒアリングをもって判断します。ですので、あなたの商品・サービスを初期段階で買ってくれた顧客には継続的に連絡が取れるようにしておきましょう。

②使用状況を確認する

商品・サービスによって違いはあるものの、あなたの商品・サービスがなくてはならない顧客の場合は、ある一定数の使用状況が継続的に見て取れます。利用者のデータを分析して、どのようなアクションがどの程度おこなわれると継続して使用してもらえるかを把握します。そして、そのような顧客を市場と捉え、プロダクトマーケットフィットを検証します。

③継続率を確認する

継続率はリテンションカーブと呼ばれるもので、時間軸と顧客の継続率を表したグラフになります。

下図のプロダクトBはプロダクトマーケットフィットに失敗している例、プロダクトAはプロダクトマーケットフィットが達成している例にな

リテンションカーブ（サービスの継続率）

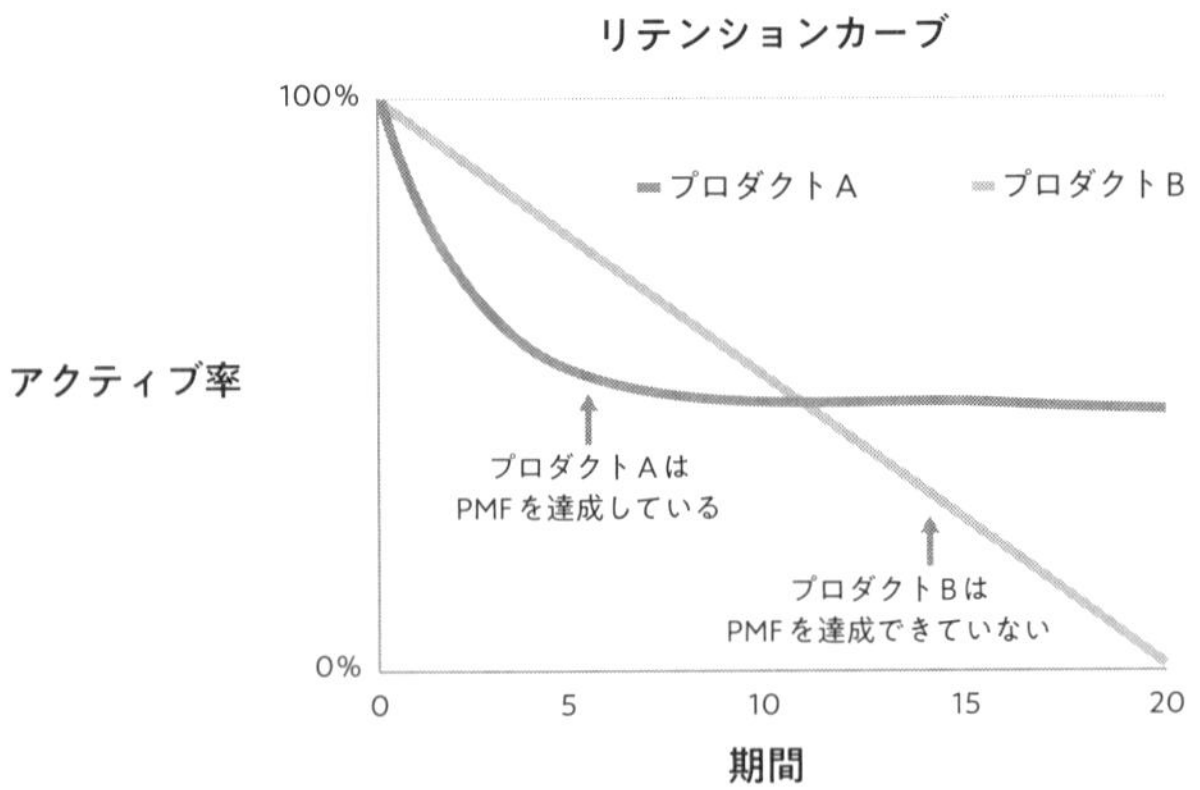

ります。誰かが解約するのはどちらも起こりえますが、ある一定水準で継続率が横ばいになるか、ならないかの違いがあります。

横ばいになっているということは、ある一定数の人はあなたの商品・サービスを必要と認識して継続的に使ってくれていることを示します。

継続率を上げる施策の例

最後に、リテンションカーブ（継続率）の上げ方を補足します。

例えば、フェイスブックは10日間に7人の友人と繋がるとリテンションが大幅に向上するという発見をしています。

このように、一定期間に一定のアクションが実現すると継続率が上がるという事実がつかめれば、それを実現するギミックなどを追加することが有効な手段になります。

例えば、初期登録後に友達7人に自動で「●●さんがフェイスブックを始めました。友達申請お願いします」といったポップアップが出るようにすることで、7人の友達を初期段階で操作がよくわからない状態でも実現できるようにするなどです。

24 事業拡大の仕組み①ユニットエコノミクス

ユニットエコノミクスとは

ここまでは、あなたの起業アイデア（誰の、何を、何で、どのように、誰から）が市場に受け入れられるかどうかを検証してきました。そして、受け入れられたことをプロダクトマーケットフィットと呼びました。プロダクトマーケットフィットを達成することで、起業アイデアから事業化の0→1が実現したことになります。

最後に、事業を拡大していくために重要な概念である、ユニットエコノミクスを説明します。

ユニットエコノミクスとは、顧客生涯価値（LTV）から顧客獲得コスト（CAC）を差し引いた値です。顧客一人あたりの採算性を表す概念で、この値がプラスになるかマイナスになるかで事業拡大の戦略が変わってきます。

・**顧客生涯価値（ＬＴＶ）**

顧客生涯価値（LifeTime Value）とは、獲得した一人の顧客が生涯にわたってあなたのビジネスに支払ってくれる総額を表します。

１回の支払金額に、顧客が生涯を通じて払ってくれる回数を乗じて算出します。

つまり、売り切りの場合は売価×１回ですが、何度かリピートしてくれる商品であれば平均のリピート回数になります。毎月課金モデルであれば、毎月の金額に解約するまでの期間を乗じて計算します。

例えば、あなたのサービスが毎月定額１０００円で提供しており、顧客の継続期間が平均５年だとすると、１０００円×60ヶ月＝６万円が顧客生涯価値（ＬＴＶ）になります。

・**顧客獲得コスト（ＣＡＣ）とは**

顧客獲得コスト（Customer Acquisition Cost）とは、一人の顧客を獲得するために必要な費用（支払ったコストの総額）を指します。

具体的には、顧客を獲得するためにかかっている費用を、獲得した顧客数で割る必要があります。

例えば、月給30万円の営業１名が毎月10人の顧客を獲得してくるとすると30÷10＝３万円が顧客獲得コストとなります。有料広告10万円で顧客を10名獲得できたら10÷10＝1万円です。もし両方合わせておこなっていたら、3万円＋1万円＝4万円が顧客獲得コスト（CAC）になる計算です。

そして、顧客生涯価値が先ほどの例の場合なら、ユニットエコノミクスは、顧客生涯価値6万円－顧客獲得コスト4万円＝2万円となります。

ユニットエコノミクスの計算式

顧客生涯価値（LTV） － 顧客獲得コスト（CAC） ＝ ユニットエコノミクス

25

事業拡大の仕組み②ユニットエコノミクスの判断方法

プラスかマイナスかで判断する

ユニットエコノミクスの見方を説明します。

①ユニットエコノミクス＞0の場合

ユニットエコノミクスが0より上、つまりプラスということは、顧客を獲得するごとに利益が生まれるということになります。

一人獲得するごとにユニットエコノミクスの額分、儲かる計算です。

つまり、ユニットエコノミクスがプラスの状態であれば、顧客獲得をすればするほど利益が増えていく計算となり、事業拡大ができる状況になっていることになります。

②ユニットエコノミクス＜0の場合

ユニットエコノミクスが0より下、つまりマイナスということは、顧客を獲得するごとに赤字になるということです。

一人獲得するごとにユニットエコノミクスの額分、損する計算です。

つまり、ユニットエコノミクスがマイナスの状態である場合、顧客を増やすごとに赤字が膨らんでしまうため、事業の存在意義が問われます。

ただしその場合でも、ユニットエコノミクスを健全化させることができれば、事業継続の可能性を見出せます。ユニットエコノミクスを改善する方法は、顧客生涯価値（LTV）を増やすか顧客獲得コスト（CAC）を減らすかになります。

その方法について、次項以降で詳しく見ていきましょう。

26 事業拡大の仕組み③ 顧客生涯価値

単価を上げる

顧客生涯価値を増やす方法の1つ目は、単価を上げることです。

ただ、一度価格を設定してしまうと、単価が上げにくくなってしまいます。競合となる商品・サービスと比べてよほどの価格差があったとしても、顧客がいったんその価格に慣れてしまうと値上げが受け入れられにくくなります。

ですので、価格を上げる場合は、商品・サービスをリニューアルしたり、機能を追加したり、グレードアップなどで新たな価格帯を加えたりするのが望ましいです。

❯利用期間（利用回数）を増やす

もう１つの方法は、顧客の生涯における利用期間、利用回数を増やすことです。利用期間（利用回数）を増やす方法をいくつかご紹介します。

①継続時やリピート購入時に割引をする

携帯電話の機種変更時の本体割引やポイントカードなどが該当します。来てもらえる回数、利用してもらえる回数を増やすことで顧客生涯価値を高めます。

②契約期間を長期にする

例えば顧客の利用期間の平均が10ヶ月だったら、単月の自動契約を年契約にして少し割引をするなどです。これにより12ヶ月の契約に移行できる顧客を増やせるので、利用期間を10ヶ月から伸ばせるようになります。また、ゲームアプリであれば毎日ログインでアイテムがもらえたりするのもいい例です。

ただし、月単位の契約を年単位の契約にする場合に、注意していただきたいことがあります。この方法はプロダクトマーケットフィットが達成できるまでは採用しないことです。

月単位が年単位になるということは、顧客からのフィードバックを受けられるタイミングが月から年に変わるということです。継続の判断が月単位であれば、やめる、やめないの判断時に顧客からの声を毎月聞けますが、年単位になるとそのフィードバックを聞く機会が減るだけでなく時間もかかってしまいます。

ですので、プロダクトマーケットフィットを達成するまでは、長期契約は避ける方が望ましいです。

③定期的に利用を促す仕掛けをおこなう

よくギミックと言われますが、利用が遠ざかっている顧客に対してポップアップで再利用を促したり、ポイント等のメリットを与えたりする方法です。一般的なDMもこのような効果が期待できます。

27 事業拡大の仕組み④顧客獲得コストの削減

営業活動を効率化させて、顧客一人あたりに費やす営業人員を減らす

顧客獲得コストを減らす方法の1つ目は、営業活動を効率化させて、顧客一人あたりに費やす営業人員を減らすことです。

営業活動はいかにマニュアル化できるか、再現性のある勝ちパターンが見つけられるかが重要です。得てして営業活動は個人の能力に依存されると思われがちですが、顧客を説得できる話の展開・ストーリーが存在します。もちろん、多少の個人差はあるにせよ、獲得までの勝ちパターンは存在します。

事業のスタート時には、経営者である「あなた」が営業していることがほとんどかと思いますが、営業人員を増やす等の将来を見据えて、あなたが獲得してきた営業トークを文字に落と

し込んでおきましょう。勝ちパターンの営業活動をある程度マニュアル化させることで営業活動を効率化でき、顧客獲得コストを減らすことができるようになります。

顧客が契約までに離脱してしまう原因を特定して改善する

2つめの方法は、顧客が契約に至る前に離脱してしまう原因を特定して改善することです。顧客が契約するまでにはさまざまなプロセスがあります。例えば、アプリでしたらダウンロードはしてもらえても、ユーザー登録が面倒でやめてしまったり、使い方がよくわからなくて価値を感じる体験まで到達できなかったり、といった原因が挙げられます。

小売や飲食店でしたら、場所がわかりにくくてお店にたどり着けなかったり、行ったはいいけれど駐車場がいっぱいで諦めてしまったり、入店したはいいけれど欲しいものが見つからなくて購入に至らなかったり、とさまざまです。

どこに原因があるのかを把握して改善することで顧客獲得コストを下げることができます。

❯口コミを発生させる（メディアを巻き込む）ことでコストをかけずに宣伝する

3つめの方法は、口コミを発生させる（メディアを巻き込む）ことでコストをかけずに宣伝することです。

同じような感動体験をした人が必ず口コミをしてくれるかというとそうではありませんが、口コミを発生させるためには、以下の3つの要素を検討するといいでしょう。

①期待を超える体験があること

期待していた以上の体験があると、顧客はそれを誰かに伝えたくなります。一方、期待通りの価値であると、顧客は誰かに伝えたいとはなりにくいです。期待を上回る体験を提供できるように工夫しましょう。「安いのにうまい」とか「サプライズのサービスがあった」とか「想像以上に便利」などです。

②誰かに伝えたくなる要素があること

誰かに伝えたくなる要素も必要です。最近のインスタ映えはその典型です。これまで見たこともない形の食べ物とか、SNSに発信したくなる要素を入れたりするのは良い例です。他にも例えばラーメン屋さんの店主が店内の壁にラーメンに対するこだわりを書いたりしているのも、伝えたい要素になりえます。

③簡単に伝えることができること

簡単に伝えられることを「メッセージコストが低い」とも言いますが、簡単にわかりやすく商品・サービスを表現できることも重要になります。

例えば、「あなたのサービスは何ですか?」と言われた時に、「私のサービスは漁師が市場を通さずに一般消費者に水産物を届けられるプラットフォームを運営しています」と言うのも良いですが、「私のサービスは水産業界の〝Amazon〟です」の方が圧倒的に口コミとして広がる可能性が高まります。これだけで、水産物を個人間で売買できるサービスだ、ということが伝わりますし、何より伝えやすい言葉になります。

28 事業拡大の仕組み⑤ ユニットエコノミクスとマーケティング

早すぎるタイミングでのマーケティングは逆効果

起業間もない経営者の多くが、自社の商品・サービスを広めるためのマーケティングを考えますが、これは良くないパターンです。極論ですが、ここまでのプロダクトマーケットフィットの達成とユニットエコノミクスの健全化が実現するまではマーケティングは不要です。

ターゲットが明確になっていない中で広めると、顧客へ届けるコストが高くなるばかりでなく、余計なノイズ（ターゲットとは関係ない顧客の声）が増えたり、ターゲットでない評論家のマイナスの意見で評判が悪くなったり、とデメリットが多いです。

プロダクトマーケットフィットの達成、ユニットエコノミクスの健全化が実現できたら事業拡大のタイミングです。マーケティングをうまく活用して、事業拡大をしていきましょう。

第5章

アイデア発想のコツ

前章までで、起業アイデアの発想から事前リサーチまで、0→1のために必要なすべてを説明しました。最後に、おまけとしてアイデア発想のコツをいくつかお伝えします。アイデアに詰まった際の参考にしてください。

1 一番良い方法は何かを考える

❯多くの商品・サービスはベストな状態ではない

多くの商品・サービスはベストな状態にはなっていません。

ベストな状態とは、悩みや欲求（課題）に対する解決策が最善の策となっている状態のことを言います。つまり、ベストな状態になっていないとは、課題に対して最善の解決策になっていない、もっと良い解決策がある状態となります。

もちろん、技術的に作れない理由がある場合もありますが、実現できるけれどしていない場合もたくさんあります。そのような場合には、それをベストな状態にするだけでも十分に起業アイデアとして成り立ちます。

宅配ボックスのベストを考えてみる

例えば、最近、宅配ボックスが増えています。宅配ボックスとは玄関前に宅配物をしまえる箱で、住民が不在でも宅配業者がそのボックスに入れて再配達を不要にできるものです。運送事業者の人員が不足する中、再配達による無駄をなくす取り組みとして注目されています。

このような宅配ボックスはさまざまな事業者が販売しています。その中で注目されているのが、Yper株式会社が提供する宅配ボックス「OKIPPA（オキッパ）」です。

OKIPPAはポリエステルの生地でできた折り畳みできる簡易宅配ボックスです（企業側は「置き配バッグ」と表現しています）。折り畳み時は13センチ四方の手のひらサイズになり、ドアノブ等にかけておけます。しかも、使用後はOKIPPAの両端をつまんで引っ張れば簡単に折り畳める構造になっています。

金属等で造られた設置型の宅配ボックスだと、通路の狭いアパートやマンションなどでは邪魔になってしまいますが、OKIPPAならそのような心配がなくなります。

このように、「ベストな状態になっているか」を考えることで新しいアイデアを生むことができるのです。

2 意味付けする

❯どんなことでもアイデアにできる

意味付けするとは、アイデアとも言えないような思いつきレベルの発想に対して、価値や可能性を見出すことを指します。

この方法の良い点は、どんなことでもアイデアにできてしまうところになります。巷でよく聞くアイデア発想法で、無造作に選んだ複数の要素を組み合わせるやり方がありますが、組み合わせただけではアイデアにはなりません。しかし、このような一見無意味と思えるような組み合わせでも、意味付けすることで意味のある・可能性のあるアイデアにすることができます。

「携帯電話」と「ボックスティッシュ」の組み合わせを意味付けする

例えば、執筆中に目の前にあった「携帯電話」と「ボックスティッシュ」を組み合わせてみます。この組み合わせ自体はまったくアイデアにはなっていません。しかし、携帯電話とボックスティッシュが組み合わさることで、新たな価値や可能性を見出せれば、立派なアイデアになります。

例えば、次のような感じです。

・ティッシュを引っ張るゲームアプリ
・スマホを置ける機能を付けたボックスティッシュ
・ティッシュの量が減ってきたらスマホに通知してネット注文をサポートするティッシュケース

このように、新しい組み合わせや要素を変えた時に、まったく意味のない組み合わせだと思わないで意味付けを考えることでも、新しいアイデアが生まれます。

3 細分化してみる

アイデア発想のきっかけを増やせる方法

物事や製品・サービスを細分化してみることでもアイデアは閃きやすくなります。

細分化とは、製品やサービスを構成している要素に分解することです。細分化することで、1つのモノとして捉えていた製品・サービスを複数のモノとして捉えることができ、アイデア発想のきっかけを増やすことができます。

どの程度まで細分化すればいいのかについて疑問に思うかもしれませんが、深く考える必要はありません。細分化すればするほど検討できる候補は増えますが、細分化にこだわりすぎて思考停止してしまう方がもったいないため、細分化のレベルは気にせず、思うままにおこなってください。

スマホリングを細分化してみる

スマホの落下を防止するためのスマホリングを例に考えてみましょう。

スマホリングはスマホ裏面に装着し、そこに指を通すことでスマホの落下を防止できる、リング状のアクセサリーです。

では、スマホリングの新しいアイデアを考えてみてください――と言われても想像しにくいかと思います。そこで、スマホリングを細分化していきます。

スマホリングは、リングの部分と、接着するボディで構成されています。さらに、リングやボディ自体も形状や素材、大きさなどの要素に細分化できます。

そこで、「リングの形状を円からハート形にしたらどうか」「硬い金属から柔らかい素材にしたらどうか」「リングのサイズを大きくしてみたらどうか」というように考えていきます。

このように、細分化した各要素について考えることでも、新しいアイデアが生まれます。

4 編集する

❯「加える」「除く」「交換する」の3つの方法がある

編集とは、製品・サービスの一部の要素を変更することを指します。編集には3つの方法があります。「加える」「除く」「交換する」です。

①加える

製品・サービスに要素を追加する方法です。

まったく別の要素を加える方法と、既存の要素自体を増やす方法があります。例えば、ボックスティッシュで考えると、ティッシュに香りを付けるのが前者で、ティッシュの肌触りの品質をより良くするのが後者になります。

コピー機や携帯電話は「加える」ことでどんどん進化しています。コピー機はコピーだけでなく、FAX機能を備えたり、スキャナー機能を備えたりしています。携帯電話は電話機能だけでなく、メールが送れるようになり、写真が撮れるようになり、動画が見られるようになり、インターネットが使えるようになり、今やお財布にもなっています。

②除く

「加える」の逆で、製品・サービスの要素を除く方法です。

ある要素を除いてしまう方法と、既存の要素自体を減らす方法があります。例えば、お財布で考えると、スリムなお財布を作るために小銭入れ自体をなくしてしまうのが前者で、カードを入れるポケットを5つから1つに減らすのが後者になります。

踵のないダイエットスリッパがヒットしたことがありますが、これは踵の部分を「除いた」秀逸なアイデアです。

③交換する

製品・サービスの要素を別の要素に交換する方法です。交換とはある要素を除いて別の要素を加えることなので、「除く」と「加える」の両方をおこなうイメージです。

例えば、柔らかいシリコン素材でできた水切りざるは、既存の水切りざるが鉄やプラスチックなどの硬い素材でできていたのに対して、柔らかい素材に「交換」したことで野菜の水分などを切りやすくなっています。

なお、この3つの方法は別々に用いるだけでなく、ある要素を交換して、さらに別の要素を加えたり、一部の要素は加えて、別の要素は除いたりといった、複数の方法を併せて使う場合もありえます。いろいろな製品・サービスを素に編集してアイデアを考えてみましょう。

5 極端に考える

要素や機能を思いっきり極端にしてみる

アイデアは極端に考えることでも閃くことができます。

極端に考えるとは、製品・サービスの要素や機能を思いっきり極端な方向にしてみるということです。

例えば、即席カップめんを例にしてみます。ロングセラーのペヤングソースやきそばが「超超超大盛GIGAMAX」という商品を販売しました。これは通常のペヤングソースやきそばの4倍のサイズの商品です。家族みんなで食べたり、友達と食べたりする時に重宝しそうです。

このように、ある要素を極端にするだけでもアイデアとなります。

6 真逆に考える

要素や機能を逆にしてみる

極端に考えるのと同様に、真逆に考えることも有効です。

真逆に考えるとは、製品・サービスの要素や機能を逆にして考えてみるということです。

例えば、付箋を例にしてみます。

付箋は、貼っても剥がせることが特徴で、会社や学校、家庭などのさまざまな場面で使用されています。

もともとのガムテープやセロテープなどの接着用品は、「剥がせない」ことが重要でした。

一方の付箋は「剥がせない」という機能の真逆の「剥がせる」ことで広く普及しています。

なお、「極端に考える」や「真逆に考える」は、前に説明した細分化したり編集したりするアイデア発想のコツと組み合わせて考えると、より有効になります。

7 原点に立ち戻る

「先見の明があれば成功できる」というわけではない

スティーブ・ジョブズやマークザッカーバーグ、松下幸之助などの経営者が先見の明があったかというと、そうではないと私は思います。先見の明とは、『日本国語大辞典』（小学館）によると「物事が起こる以前に見抜く見識。将来のことを見通すかしこさ」です。この意味で言うと、確かに、彼らは将来に起こりえそうなことを想像できたことは間違いありませんが、それは彼らだけでなく、他の人も想像できた世界です。

では何が違うのかというと、行動力です。偉大な経営者たちは、将来、このような世界がくるだろうと想像して、それを自分たちが実現させてきただけなのです。

例えば、AチームとBチームがサッカーの試合をしているとします。一般の人は、Aチームが勝つと予想して終わりです。一方の偉大な経営者はAチームが勝つと予想して、かつ、自分がそのAチームのメンバーになって、自分で得点を入れて勝つ、という感じです。

世の中の多くの経営者が、「このような世の中にしたい」と思って、日々活動しています。そして、その夢を実現した一握りが「先見性のある」経営者として評価されるのです。

❯原点に立ち戻って考える起業アイデア0・0「ビジョナリー発想法」

そのような視点から見ると、起業アイデアを考える時にもっとも大切なのは「本当に自分が何をしたいのか」「どのような世の中を作りたいのか」ということです。

起業に大切なのは、「世の中になくて自分しかいない」「自分がやるべきだ」という、ある種の使命感です。純粋に、「世の中にこの部分が足りていなくて、それをやるのが自分しかいない。だから起業する。そしてそれを自分で成し遂げる」という想いが起業には重要です。

これまでさまざまな発想のテクニックを紹介してきましたが、そのようなことに囚われすぎて、何をすればいいかわからなくなってしまったら、「何かできるか」「何を求められているのか」「他社はどうしているか」といったことはいったん忘れて、ぜひ「自分がどのような世の中を作りたいのか」という原点に立ち返って、起業アイデアを考えてみてください。

そのような原点に立ち戻った発想、いうなれば起業アイデア0・0「ビジョナリー発想法」こそが、最強の起業アイデア発想法かもしれません。

おわりに

ビジネスの0→1ができたら、次は1→10→100（事業拡大のプロセス）です。0→1は事業の立ち上げ期なので、ノウハウさえしっかり覚えれば、一人でもどうにかできます。一方で、1以降の事業拡大期は、どんなに能力の高い人でも、一人ではできません。

また、求められる能力も変わってきます。0→1は自分がスピード感を持って行動すれば良かったですが、1以降は他の人を巻き込んでやっていくマネジメント能力が必要となってきます。さらに、ビジネスの仕組みを確立するだけでなく、人を集めて役割を分け、権限を委譲する組織作りも必要になってきます。

そのためには、必要な要素を担える人材を確保していくことになります。事業計画を作って資金調達をしたり、事業を広げるためにより多くの人に会ってあなたのビジネスのすばらしさを啓蒙したりすることが、いっそう必要になります。

しかし、心配はいりません。1以降ができる人は相対的に多いですが、0→1ができる人は少ないです。起業をする上で一番たいへんな0→1を乗り越えたあなたなら、自信を持って活動していけるはずです。

あなたのビジネスがよりいっそう拡大していくことを切に願っています。

ここで本書の執筆について少しお話しさせてください。

本書を出版していただいた秀和システムの担当編集者の方に「おわりに」は何を書けばよいか相談したところ、「本の執筆についてお世話になった方々へのお礼を述べれば良いです」と言われて、非常に困りました。

こうして本を出せるようになったのは、これまで関わった全ての方の出会いのおかげです。それは私を良く思って接してくれた人はもちろん、良く思ってもらえなかった人も含めてです。

そのみなさん全ての方の名前を掲載して感謝の意を示したいと思ったのですが、数千人のフルネームを掲載することができないため、この想いをどう表現して良いのかわからなくなってしまいました。

悶々と悩んだ結果、ありきたりな表現となってしまうのですが、お礼を述べさせてください。これまで出会った全ての人が一本の線で繋がっていて、誰1人欠けても本書の出版には至らなかったと思います。皆さま一人一人に向けて感謝申し上げます。良い機会をいただき本当にありがとうございました。

また、本書の企画提案当初はありきたりな起業本でしたが、担当編集者の方に私がより得意な部分であるアイデアの発想に可能性を見出していただき、独自の本に仕上げていただきました。私の知識や経験をこのような形にできたのも担当編集者の方が相談に乗ってくださり、アドバイス、編集いただいたおかげです。本当にありがとうございました。

最後になりますが、なかなか伝えられない家族へ感謝を述べて終わりにします。

私に良い環境を与えてくれた亡き父と温かく見守ってくれている母、尊敬する兄と姉夫婦、慕ってくれる弟夫婦、私の活動を信じて協力してくれる妻、私を家族として受け入れてくれた妻の家族、いつも癒しを与えてくれる愛犬クッキーへ、いつもありがとう！

2019年9月

村田茂雄

著者プロフィール

村田茂雄（むらた・しげお）

◎1982年生まれ。信州大学経済学部卒業。中小企業診断士。
◎4大監査法人の1つである有限責任監査法人トーマツに所属。銀行、信用金庫、コンサルティングファームを渡り歩き15年目、これまでに1000人以上の起業家支援をおこなう。現職では、中小・ベンチャー企業に対する事業アイデア・ビジネスモデルのブラッシュアップや資金調達・販路開拓支援をおこない、企業の成長を後押ししている。
◎趣味は起業アイデアを考えること。約1年8ヶ月で10000個（1日平均17個）の起業アイデアを創出する。また、アイデア発想法を活かして、（株）翔泳社主催の勉強法大賞では大賞を受賞し、「すべての資格試験に活用できるアイデア満載！」と好評を得る。（株）LIXIL住宅研究所主催のエコアイデアコンテストでは特別賞、ナカバヤシ（株）主催の第3回アルバム整理術コンテストでは準グランプリ受賞他、複数のアイデアコンテストに入賞している。

カバーデザイン：大場君人

起業《きぎょう》アイデア3.0

発行日　2019年10月21日　第1版第1刷

著　者　村田《むらた》　茂雄《しげお》

発行者　斉藤　和邦
発行所　株式会社　秀和システム
〒104-0045
東京都中央区築地2丁目1−17　陽光築地ビル4階
Tel 03-6264-3105（販売）Fax 03-6264-3094
印刷所　日経印刷株式会社　Printed in Japan

ISBN978-4-7980-5565-7 C0034

定価はカバーに表示してあります。

乱丁本・落丁本はお取りかえいたします。

本書に関するご質問については、ご質問の内容と住所、氏名、電話番号を明記のうえ、当社編集部宛FAXまたは書面にてお送りください。お電話によるご質問は受け付けておりませんのであらかじめご了承ください。